# 自治体がひらく日本の移民政策

## 地域からはじまる「移民ジレンマ」からの脱却

毛受敏浩 編著 MENJU Toshihiro

第2版

明石書店

# はじめに

日本は終わりなき人口激減の時代に突入した。

本書の初版は二〇一六年に刊行された。当時、人口減少は深刻化していたものの、今回の改訂版に至るまで八年が経過した現在では、「減少」から「激減」と表現することがよりふさわしい時代へと変わった。

総務省の二〇二三（令和五）年八月一日現在（確定値）によれば、日本の総人口は前年同月に比べ六四万三〇〇〇人減少し、日本国民に限っていえば八二万八〇〇〇人の減少となる。日本人の人口減は県人口でいえば四一位の佐賀県、四二位の山梨県の人口に匹敵する。毎年、こうしたレベルの県が消滅することを意味する。今後さらに人口減少の拡大が予測されており、人口減少の加速化の時代を日本は迎えることになった。

こうした中で七年の間に外国人の受け入れについて大きな変化があった。それは本書の第三章で詳述する入管法の改正である。二〇一九年には特定技能の在留資格が新たに生まれ、また出入国在留管理庁が発足した。さらに政府は「外国人材の受入れ・共生のための総合的対応策」を打ち出し、二〇〇〇を超える政策が実施されることになった。

また二〇二二年六月には中長期の外国人受け入れのあり方を示す「外国人との共生社会の実現に向けたロードマップ」が策定された。ロードマップの中で在留外国人に対してライフステージ、ライフサイクルに沿った支援の必要性が謳われており、そうした動きを見れば、政府はすでに実質的な移民政策を開始したといってよいだろう。

しかしその一方で、政府は移民政策を実施したということを明確に国民に伝えていない。大きな政策変更を行いながらも、未だに移民議論が避けられ移民をタブー視する状況から抜け出せていない。人口激減時代を迎えながら移民政策が忌避されるこの状況は「移民ジレンマ」と呼んでよいだろう。移民論議を避け続ければ、日本人の外国人に対する意識は変わらず、また世界の日本を見る目も変わらない。

では「移民ジレンマ」から脱出する動きはあるのか。より大きな政策転換を求める要請がさまざまな団体から出されている。生団連（国民生活産業・消費者団体連合会）は、二〇一八年一一月に「『人的鎖国からの脱却』外国人の受入れ体制の構築に関する提言〜『生活者としての外国人』の受入れ体制を整備すべし〜」を取りまとめ、また二〇二三年五月には「外国人の受入れ体制の構築に関する提言」を行った。また日本経団連は二〇二二年二月に「Innovating Migration Policies——二〇三〇年に向けた外国人政策のあり方」を発表し、戦略的に外国人を受け入れるべきとの提言を行った。

また筆者の勤める（公財）日本国際交流センターでは、二〇一八年に外国人材の受け入れに関する円卓会議を組織し、その提言として二〇一九年三月に「外国人とともに創る日本の未来ビジョン」及び「在留外国人等基本法」要綱案を発表した。また二〇二一年六月に「アフターコロナ時代に向けての外国人受入れ政策のあり方――『選ばれる国』への新提言」を公表し、二〇二四年一月には「新在留外国人等基本法要綱案」を策定、公表した。

こうした民間からの動きは徐々に政府内に浸透していき、政府の政策変化に繋がったと考えられる。また政府は技能実習制度の改革に着手し、二〇二二年一一月に「技能実習制度及び特定技能制度の在り方に関する有識者会議」を発足させた。二〇二三年一一月に発表された最終報告においては技能実習制度の廃止を前提として新制度への移管が示された。

一方、外国人受け入れについての最も重要な課題、つまり「移民」を巡る議論は進まず、また政府として外国人の受け入れについての包括的な対応を示す「在留外国人基本法」については議論も始まっていない。

すなわち外国人受け入れについて登山に例えれば、本書初版が出版された二〇一六年の時点を三合目とすれば、二〇一九年の政策変更により、現在は七合目、八合目まで来たといえる。しかし、ここから先の難所、すなわち、「移民ジレンマ」を最終的に乗り越え、政府が明確に外国人受け入れの必要性を国民や世界に訴え、在留外国人基本法（移民法）の創設に至る頂上に達するかどうかの正念場に現在、さしかかっているといえる。

その山を乗り越える力は先ほど述べた経済団体や民間団体の提言のみによるのではない。本来、人口減少が危機的な状況を迎え、その一方で在留外国人が増加している地域社会の現場から発せられるべきものだろう。

本書のタイトル『自治体がひらく日本の移民政策』はまさにそうした点に注目をしたものである。

本書は現場を持ち、多文化共生の具体的な経験を有する自治体、地域社会に注目し、その先導性と地域の将来を見通した現実的な提言やアイデアを提示することを意図している。

本書の第一章「人口減少は地方創生で解決可能か」では、加速化する人口減少の中で、政府による地方創生政策が行われ、各自治体によって人口維持を目指して「長期ビジョン」と「総合戦略」が立てられた経緯を述べている。しかし、その後、当初の計画通りには進まず想定以上に多くの地域で人口減少が加速した。地方創生は実質的に失敗したが、その中で、外国人の重要性の認識が生まれ始めていることを見ていく。

第二章「多文化共生の変遷」では、これまでの多文化共生の歴史的な経緯をたどりながら、自治体がどのような取り組みをしてきたのかを検討する。各自治体が策定した多文化共生推進プランにおいて、人口減少の深刻化の中で、支援の対象として外国人を見るのではなく、地域社会の活性化にとって重要な存在としての認識へと変化が生まれていることを明らかにしている。

第三章「政府の実質的な移民政策への方向転換」では、先に述べた政府の政策変化を詳細に伝える。外国人の定住化を想定した日本語教育の新政策や政府が外国人受け入れを直接斡旋する事業など、大きな変化が生まれていることを示す。

第四章「草の根の経験――外国人受け入れの現場から」では、各地域の実情を現場に詳しいＮＰＯ、自治体職員、学識経験者が現状を伝える。外国人受け入れについて豊富な経験を持ち、洗練された事業展開が行われる地域がある一方、コロナ禍明けの在留外国人の急増への対応や財源の厳しい自治体における苦慮など、現場からの生々しい事例を紹介する。

第五章「自治体移民政策への道」では、自治体が在留外国人に対して実施しているさまざまな事業を包括的に紹介するとともに、従来の事業の枠を超えて、外国人をどのように積極的に受け入れ、活躍へと導くべきか、そうした事例を検討し将来の展望を提示する。

本書は従来の多文化共生をもとに新たな日本としての外国人受け入れの姿を示そうとするものであり、外国人との共生を通じて日本社会の刷新を図ろうとするものである。それを実現するにはどうすればよいのか、多くの読者の知恵をいただき、その実現の日が一日も早く来ることを願ってやまない。

## 自治体がひらく日本の移民政策【第2版】　目次

## 第五章　自治体移民政策への道

# 第一章

# 人口減少は地方創生で解決可能か

本章では人口減少が地域社会に対してどのようなインパクトをもたらすのかを検証する。自治体の消滅の可能性が提示されるほどそのインパクトは大きいといわれるが、各地域では将来、どのような現象が発生するのか、地域社会の将来を検証する。それに対して政府が行ういわゆる地方創生政策についても検討するとともに、それが事実上失敗しており、政府の現在の政策だけでは地域社会の持続可能性が保証されるものではないことを見ていく。

## 加速する人口減少

近年、日本社会が抱える最大の課題として人口減少問題がクローズアップされている。国立社会保障・人口問題研究所の「日本の将来推計人口」（令和五年四月）によれば、二〇二〇年代の日本の人口減少は五三八万人、二〇三〇年代に六五〇万人、二〇四〇年代には七三三万人に達する大激減の時代を迎える（図1）。

すでに、人口減少がもたらす負の影響は全国において見られる。例えば、二〇〇七年度から二〇一八年度の間に全国で廃止されたバス路線は日本と南極昭和基地までの直線距離にほぼ匹敵する一万三九九一キロメートルに及ぶ。このような例からも、人口減少の加速化により今後、日本人の生活の利便性が急速に失われ、生活の質の悪化も避けられないことが認識できよう。

さらに、人口減少の問題を捉える際には、単に総人口が減ることに留まるのではなく、人口構造の変化、すなわち人口構造の中身が大きく変わることに注意を払う必要がある。

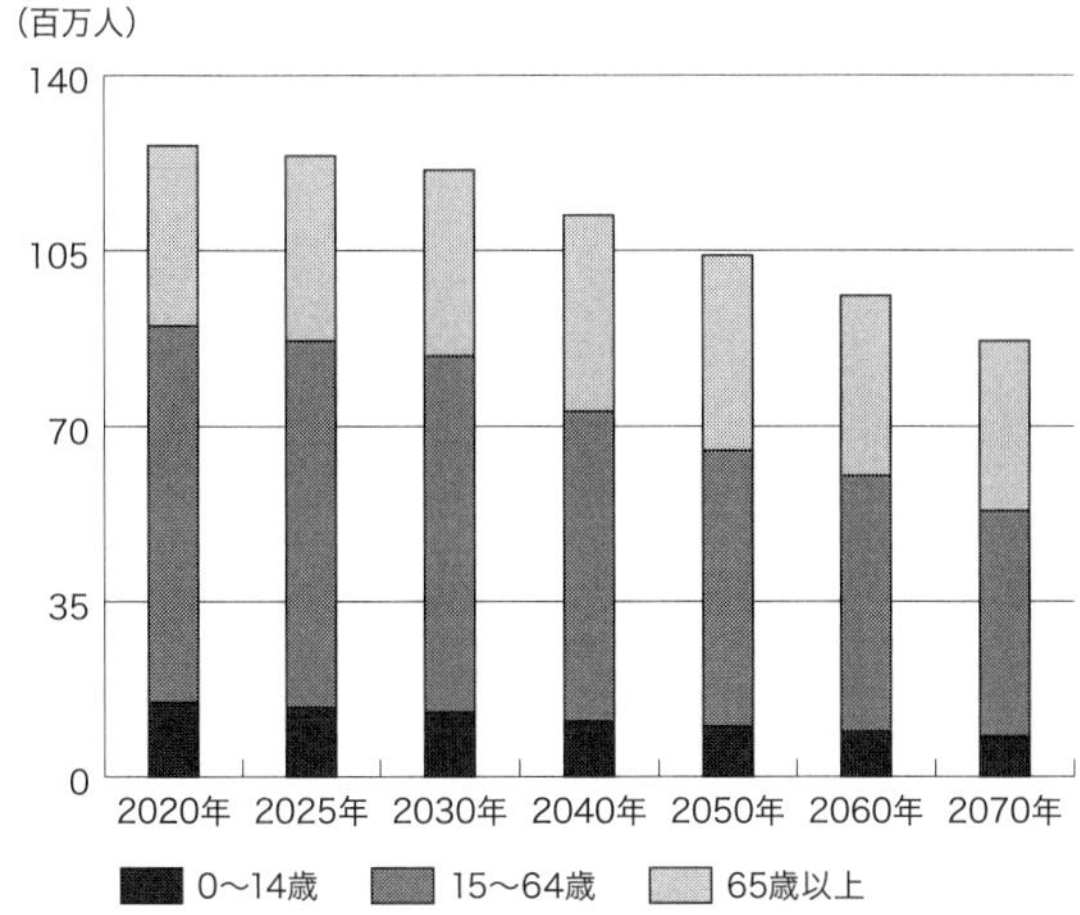


**図１　日本の年齢別将来人口の推移**

今後、加速する人口減少は、少子化による子ども、若者の減少と、高齢化による高齢者の急増が同時並行で起こる。文部科学省によれば、少子化により毎年、四七〇校程度の公立の小中高等学校が廃校となる状況が続く一方で、高齢化により二〇三五年には八五歳以上の高齢者の人口は一〇〇〇万人に達することとなる。すでに日本は二〇二三年九月の時点で人口の一〇%が八〇歳以上となった。

中央大学の山田昌弘教授が、二〇四〇年頃には孤独死は毎年二〇万人に達する可能性があると警告（「年間二〇万人が孤独死。家族難民があふれる日」東洋経済オンライン、二〇一四年三月二日）しているように、一部の富裕層を除く日本人の大半の老後の生活は危機的状況を迎えようとしている。今後の人口動態の推移によって日本社会の持続可能性が脅かされる状況が将来待っていると考えざるを得ないほど、その変化による影響は大きいことを理解する必要がある。

## 自治体は消滅するか

人口減少により今後、自治体の持続可能性が危ぶまれることの認識が急速に広がったのは、民間組織「日本創成会議」の人口減少問題検討分科会の二〇一四年の発表が大きな反響を呼んだからである。元総務相で現在、日本郵政の社長を務める増田寛也氏らによる日本創成会議は二〇一四年五月八日、二〇四〇年には全国一八〇〇市区町村の半分の存続が難しくなるとの予測を発表し、大きな衝撃を社会に与えた。そこでの指摘は以下のようなものである。

一つは、地方における自然減と社会減により、「地方消滅」の可能性があるとの指摘である。鍵を握るのは「二〇～三九歳若年女性人口」である。なぜなら子どもを産む中心のこの世代の縮小は、そのまま地域の将来人口の減少に直結するからである。もし、二〇四〇年時点で、各自治体の若年女性人口が、現在より五割以上減少する場合には、人口一万人未満の小規模自治体は消滅する可能性が高いとした。

二〇四〇年に若年女性人口が五割以上減少する自治体は、自治体全体の四九・八％に相当する八九六町村に上り、そのうち、一万人未満となる自治体は、五二三市町村（二九・一％）にも上る。「二〇～三九歳若年女性人口」が五割以上減ることが予想される地域は都道府県によって大きな差があり、秋田県では九割以上の自治体が該当する。八割以上では青森県、島根県が該当する。こうした地域はかつてから過疎が深刻な地域であるが、具体的に「消滅」という言葉で危機が宣言されたのは初めてであり、大きな衝撃が社会に広がった。

増田元大臣はその対策として人口を東京から地方に移動させる必要性を訴えた。

日本では地方から大都市圏への若年層の人口の移動という特徴が見られる。かつて地方から大都市への若者は「金の卵」と呼ばれ、数多くの中学卒業者が集団就職し、東京圏や京阪神の工場等で従事するため故郷を離れた。一九六〇〜七〇年代の高度成長期は第一期の移動期といえる。地方から大都市への第二期の人口移動は一九八〇〜九〇年代のバブル経済期であり、さらに二〇〇〇年代の製造拠点の海外移転による地方産業の基盤弱体化の時期にもそうした傾向が強く表れた。

経済活動が集中する東京に人口が集まることは経済的な合理性があるといえるが、人口変動については大きな問題を抱えることになる。なぜなら二〇一四年の都道府県別の合計特殊出生率を見ると、全国平均が一・四二であるのに対して、東京都では全国で最も低い一・一五となっており（二位の京都府は一・二四、三位の奈良県と北海道は一・二七）、東京に若年人口が集住することで、日本の「人口再生産力」が低下してしまうことになる。東京など大都市圏への人口集中を抑え、大都市から地方への人の流れをつくることが、日本全体の出生率の改善に役立つとの考えがあった。

さらに、人口減少は三つのプロセスを経て進行するという指摘も重要である。二〇四〇年当たりまで続く第一段階では、老年人口が増加する一方、生産年齢人口と年少人口の減少によって総数が徐々に減る時代が続く。

その後、二〇六〇年あたりまでは、第二段階となり、老年人口維持・微減の一方で、生産年齢人口と年少人口減少が継続する。さらに二〇六〇年以降の第三段階では、老年人口の本格的な減少が始まるとともに、生産年齢人口と年少人口の減少が続き、その結果、さらに本格的な人口減少時代となる。

三つの段階を通して人口減少は継続し、そのことによって日本社会に大きな変動が訪れることを指摘した。

## 政府による地方創生

「日本創成会議」の提言と増田寛也氏の著書『地方消滅——東京一極集中が招く人口急減』（中公新書）は大きな影響力を持ち政府を動かした。

深刻化する人口減少と地方の衰退状況に対して、政府は「地方創生」を旗印に国を挙げて積極的な事業展開を開始した。人口減少による地方の衰退の深刻さについての認識が国民の間に急速に広がり、政府も対応を迫られた結果といえる。

二〇一四年七月二五日、内閣官房に「まち・ひと・しごと創生本部」設立準備室が発足した。二〇一四年九月三日に発足した第二次安倍改造内閣の同日の閣議決定により、正式にまち・ひと・しごと創生本部が設置され、同年一二月二日の「まち・ひと・しごと創生法」の施行により、同本部は内閣に設置される法定の組織となった。この組織では、首相が本部長となり、石破茂自由民主党幹事長が初代の地方創生、国家戦略特別区域担当大臣に任命された。

まち・ひと・しごと創生法の第一条では「この法律は、我が国における急速な少子高齢化の進展に的確に対応し、人口の減少に歯止めをかけるとともに、東京圏への人口の過度の集中を是正し、それぞれの地域で住みよい環境を確保して、将来にわたって活力ある日本社会を維持していくためには、国民一人ひとりが夢や希望を持ち、潤いのある豊かな生活を安心して営むことができる地域社会の形成、地域社会を担う個性豊かで多様な人材の確保及び地域における魅力ある多様な就業の機会の創出を一体的に推進すること（以下「まち・ひと・しごと創生」という。）が重要となっていることに鑑み、まち・ひと・しごと創生について、基本理念、国等の責務、政府が講ずべきまち・ひと・しごと創生に関する施策を総合的かつ計画的に実施するための計画（以下「まち・ひと・しごと創生総合戦略」という。）の作成等について定めるとともに、まち・ひと・しごと創生本部を設置することにより、まち・ひと・しごと創生に関する施策を総合的かつ計画的に実施することを目的とする」と謳われている（傍線筆者）。

この法律は人口減少への対応を最大の眼目に掲げており、地域社会の維持とそのために東京圏への人口集中を是正することに重点が置かれているといえよう。

## まち・ひと・しごと創生本部とは

第一回まち・ひと・しごと創生本部会合議事録から、政府として地方創生にどのように取り組んだのかを見てみたい。

二〇一四年九月一二日に官邸で、総理以下、閣僚が出席する中、第一回まち・ひと・しごと創生本部会合が開催された。

司会役を務めた石破大臣は、同本部として「五〇年後に一億人程度の人口を維持するための『長期ビジョン』と、人口減少克服・地方創生の観点から制度・政策を総点検し、改革を実行するための五か年計画である『総合戦略』を、年内に取りまとめる」としている。また臨時国会に、「まち・ひと・しごと創生法案」を提出するとともに、地方創生関連の法案を提出し、地域活性化関連施策のワンストップ化等を実現するとしている。

さらにまち・ひと・しごと創生本部の今後の取り組みにおける以下の方針を提示している。

第一に、基本目標として、人口減少を克服し地方が成長する活力を取り戻すため、中長期的な観点から確かな結果が出るまで実行する。

第二に、基本的視点として、「若い世代の就労・結婚・子育ての希望の実現」「東京一極集中の歯止め」「地域の特性に即した地域課題の解決」を挙げる。

第三に、基本目標達成に向けた改革実行に当たっての検討事項として「地方への新しいひとの流れをつくる」「地方にしごとをつくり、安心して働けるようにする」「若い世代の結婚・出産・子育ての希望をかなえる」「時代に合った地域をつくり、安心なくらしを守る。地域と地域を連携する」を挙げ、まち・ひと・しごと創生本部が司令塔として、地方における取り組みも積極的に支援するとしている。

また、まち・ひと・しごと創生本部のホームページでは「人口急減・超高齢化という我が国が直面する大きな課題に対し政府一体となって取り組み、各地域がそれぞれの特徴を活かした自律的で持続的な社会を創生できるよう、まち・ひと・しごと創生本部を設置しました」と述べられており、組織の目的として「地方が成長する活力を取り戻し、人口減少を克服する」のフレーズが掲げられた。

この創生本部会合の一週間後、二〇一四年九月一九日には、第一回のまち・ひと・しごと創生会議は、増田元総務大臣を含む一二名の有識者が参加し開催された。この会議には「東京在住者の今後の移住に関する意向調査」の結果が報告されている。

この意向調査では、東京在住者の四割（うち関東圏以外出身者は五割）が地方への移住を検討している又は今後検討したいと考えていること、特に三〇代以下の若年層及び五〇代男性の移住に対する意識が高いことが報告された。このことが政府として東京から地方への人口移動のための政策を推進する柱となった。

しかし、「東京在住者の今後の移住に関する意向調査」を仔細に見ると異なった視点が浮き彫りになる。

この調査は二〇一四年八月二一〜二三日に実施され、東京都在住一八〜六九歳の男女一二〇〇人が対象となっている。結果を見ると、今後一年以内に移住する予定・検討したいと思っている二・七％、今後五年をめどに移住する予定・検討したいと思っている五・八％、今後一〇年をめどに移住する予定・検討したいと思っている三・五％、具体的な時期は決まっていないが、検討したいと思っている二八・八％と以上の合計で四〇・七％となり、これが政府として東京在住者の四割が地方移転に関心があることの根拠となっている。

しかも、調査方法はインターネット調査となっており、サンプル数の面でも必ずしも包括的な調査結果ではない。この調査だけで政府としての基本的な方針を決めたとすれば危うさを感じざるを得ない。

二〇一五年八月二〇～三〇日に内閣府が全国の成人三〇〇〇人を対象に実施し、五八・六％の回収率であった「国土形成計画の推進に関する世論調査」では、二〇一四年の調査と大きく異なる結果となった。この調査では「別の地域へ移住したい」が六・八％、「どちらかといえば別の地域に移住したい」は一二・三％で、移転希望者は合計一九・一％にすぎない。

移住の意向のある人の希望する移住先では「地方都市部」五五・二％、「農漁村地域」二〇・三％、「大都市部」一四・〇％、「海外」九・六％となった。移住希望者は年代別では二〇代が最も多く、二〇代が希望する移住先では「地方都市部」四七・九％、次いで「農漁村地域」と「海外」が共に一八・八％と並んだ。居住地を選ぶ上で重視する条件は「医療・介護の環境が整っている」が六五・一％と最も高く、次いで「商業施設があり買い物に便利」が六一・八％であった。注目すべきは「海外」が二〇代で二番目に挙げられていることである。このことは青年の間で日本の将来に対する不安感が高まっていることと関連するのかもしれない。

以上から、政府が構想する大都市から地方への人口の移動の実現は国民の意志に沿ったものとはいえず、また地方でも一定の規模の都市でなければ移動する希望者は少ないということである（日本経済新聞二〇一五年一〇月一八日朝刊「老後に移住希望一九％」）。

二〇一四年一〇月三一日、第二回目のまち・ひと・しごと創生会議が開催された。この会議では「長期ビジョン」と「総合戦略」に関する論点が提示された。

「長期ビジョン」では、日本は二〇〇八年をピークとして人口減少時代へ突入し、今後一貫して人口が減少し続けると推計されており、早期の出生率の改善が急務であること、目指すべき将来方向と今後の基本戦略として、国民の地方移住や結婚・出産・子育てといった希望を実現することが重要としている。そのため、中長期的な政策目標として（1）若い世代の就労・結婚・子育ての希望の実現、（2）東京圏への人口の過度の集中の是正、（3）地域の特性に即した地域課題の解決を挙げている。

一方、今後五か年を想定した「総合戦略」においては、（1）地方移住希望者の支援や企業等の地方移転などの地方への人の新たな流れを作ること、（2）地域産業基盤の強化など、地方で仕事を作ること（3）、結婚・妊娠・出産・子育ての切れ目のない支援によって、若い世代の結婚・出産・子育ての希望をかなえること、（4）地方中枢拠点都市への地域インフラ・サービスの集約など、時代に合った地域をつくり、安心な暮らしを守ること（5）地方連携の推進を挙げている。

第三回目の会議は二〇一四年一一月六日に開催された。この会議では「長期ビジョン」と「総合戦略」の骨子が示された。「長期ビジョン」では、人口減少に歯止めをかければ、五〇年後の二〇六〇年には総人口は一億人程度を確保でき、その後二〇九〇年頃には人口が安定していくことを提示している。また結婚や出産に関する国民の希望が実現した場合の出生率（希望出生率）は一・八程度であるとし、この水準は、ＯＥＣＤ諸国の半数以上の国が実現しており、日本が目指すべき水準として挙げている。

また地方創生が実現し、地方の人口減少に歯止めがかかるならば、地方の方が先行して若返ることや豊かな地域資源を活かし、若い人材がイノベーションを起こすとともに、地域の絆の中で人々が心豊かに生活を送る地域社会の実現を目指すとしている。

一方、「総合戦略」の骨子では、まち・ひと・しごとの創生と好循環を確立することを最重要課題として挙げ、政府の従来の対策は、個々のレベルでは一定の成果を上げたが、大局的には地方の人口流出が止まらず少子化に歯止めがかかっていないとし、それを是正するために、自立性、将来性、地域性、直接性、結果重視に力点を置いた取り組みを行うとしている。また国と地方は、連携・協働して、総力体制で地方創生に取り組む必要があり、地方の自立に繋がるよう、地方自ら考え、責任を持って進める取り組みを推進するとしている。

その後、二〇一四年一二月二七日に第四回会議が行われ、「長期ビジョン」及び「総合戦略」の案がさらに検討された。また二〇一五年四月一四日の第五回会議では、六月中をめどに「まち・ひと・しごと創生基本方針二〇一五」が取りまとめる予定であることが示された。

そして二〇一五年六月三〇日には「まち・ひと・しごと創生基本方針二〇一五」の骨格案が示された。ここでは地方創生の深化に向けた多様な支援として、情報支援では地域経済分析システム（RESAS）の利用、人的支援では地方創生コンシェルジュ、地方創生人材支援制度の創設、財政支援では、「新型交付金」の創設、各種補助金、まち・ひと・しごと創生事業費が掲げられた。また同日に「まち・ひと・しごと創生基本方針二〇一五」が閣議決定された。

さらに「まち・ひと・しごと創生」に対して、平成二六年度の補正予算として三二七五億円、平成二七年度の予算として一兆三九九一億円が組まれた。

## 長期ビジョンと総合戦略の内容

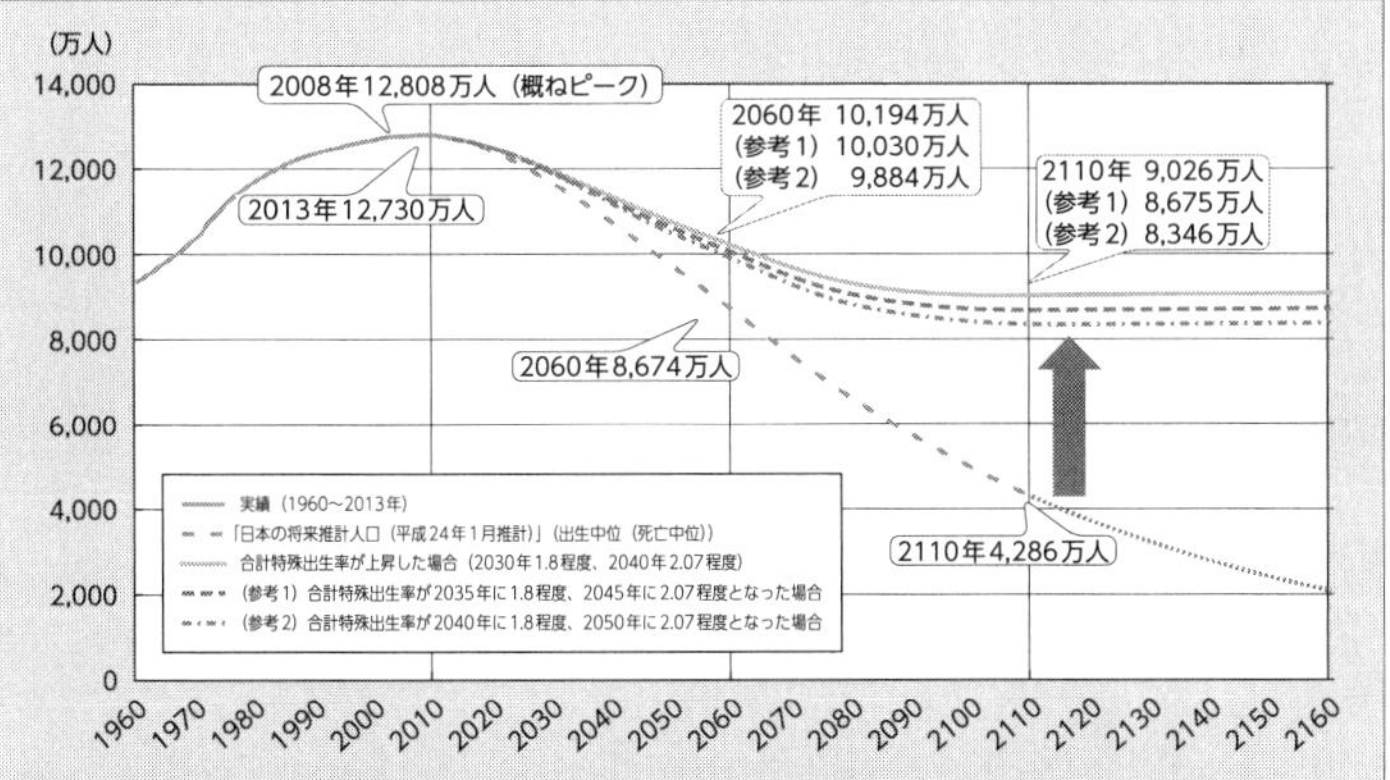


資料:「まち・ひと・しごと創生長期ビジョン」(平成26年12月27日　閣議決定)
(注) 1. 実績は、総務省統計局「国勢調査」等による(各年10月1日現在の人口)。国立社会保障・人口問題研究所「日本の将来推計人口(平成24年1月推計)」は出生中位(死亡中位)の仮定による。2110～2160年の点線は2110年までの仮定等をもとに、まち・ひと・しごと創生本部事務局において機械的に延長したものである。
2.「合計特殊出生率が上昇した場合」は、経済財政諮問会議専門調査会「選択する未来」委員会における人口の将来推計を参考にしながら、合計特殊出生率が2030年に1.8程度、2040年に2.07程度(2020年には1.6程度)となった場合について、まち・ひと・しごと創生本部事務局において推計を行ったものである。

**図２「長期ビジョン」で示された人口の見通し**

出典：平成27年版　厚生労働白書　p.21

では政府が決定したまち・ひと・しごと創生長期ビジョンと総合戦略の中身はどのようなものであろうか。

まず国の長期ビジョンでは、二〇六〇年に一億人程度の人口を確保する中長期展望が提示され、人口減少問題の克服と成長力の確保を最大の目標とする。希望出生率一・八の実現、さらには東京一極集中の是正が挙げられている。

一方、総合戦略では、二〇一五～二〇一九年度(五か年)の政策目標・施策を策定している。ここでは地方における安定した雇用の創出、地方への新しいひとの流れをつくること、若い世代の結婚・出産・子育ての希望をかなえること、時代に合った地域をつくり、安心な暮らしを守るとともに、地域と地域を連携することが、政策の基本目標として挙げられている。

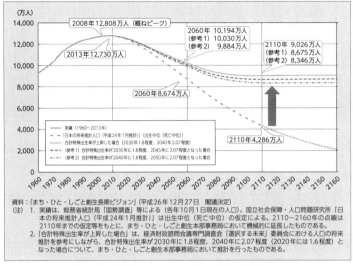

国の動きと平行して地方においても地方人口ビジョンと地方版総合戦略が策定されることになる。地方人口ビジョンでは、各地域の人口動向や将来人口推計の分析や中長期の将来展望を提示することが求められ、地方版総合戦略では、各地域の人口動向や産業実態等を踏まえ、二〇一五〜二〇一九年度（五か年）の政策目標・施策の策定が求められる。

政府の総合戦略の中では、二〇二〇年の基本目標として、現在の、東京圏へ年間約一〇万人の入超の状況を均衡することを目標としている。また若い世代の結婚・出産・子育ての希望をかなえるために、安心して結婚・妊娠・出産・子育てできる社会が達成されていると考える人の割合四〇％以上（二〇一三年度一九・四％）とすること、第一子出産前後の女性継続就業率の五五％（二〇一〇年三八％）の達成、結婚希望実績指標八〇％（二〇一〇年六八％）の達成、夫婦子ども数予定（二・一二）実績指標九五％（二〇一〇年九三％）の達成を掲げている。

また地方の農林水産業の成長産業化を目指して、六次産業市場一〇兆円と就業者数五万人の創出、訪日外国人旅行による消費額三兆円（二〇一三年一・四兆円）と雇用者数八万人の創出、地域の中核企業、中核企業支援で雇用者数八万人の創出、企業の地方拠点強化で雇用者数四万人増、地方移住の推進では年間移住斡旋件数一万一〇〇〇件などが目標として掲げられた。

## 自治体の対応

各自治体は政府の地方創生の要請を受けて、二〇一五年度には地方人口ビジョンと地方版総合戦略の策定に取り組んだ。政府からは二〇一四年一二月二七日に「都道府県まち・ひと・しごと創生総合戦略及び市町村まち・ひと・しごと創生総合戦略の策定について（通知）」が内閣官房まち・ひと・しごと創生本部事務局長代理、山崎史郎内閣審議官より出された。

この通知では、まち・ひと・しごと創生法で、都道府県及び市町村にはまち・ひと・しごと創生総合戦略の策定が求められているとして、各自治体として「地方人口ビジョン」と「まち・ひと・しごと創生総合戦略（地方版総合戦略）」について留意事項を提示しながら二〇一五年度末までの策定を求めた。

「地方人口ビジョン」については、人口の現状を分析するとともに、国の長期ビジョンである二〇六〇年を基本とするが、二〇四〇年をめどとすることでもよいとしている。記載事項については人口の現状分析、人口の将来展望について詳述することを求める一方、地方版総合戦略については、今後五か年の目標や施策の方向、具体的な施策をまとめることとしている。記載事項としては基本目標、講ずべき施策に関する基本的方向、具体的な施策と客観的な指標、客観的な効果検証の実施を求めている。

「地方人口ビジョン」と「まち・ひと・しごと創生総合戦略（地方版総合戦略）」は二〇二〇年に第二期の改定が行われた。第二期は第一期総合戦略（二〇一五～一九年度）期間中の施策の検証を踏まえ、二〇二〇～二四年度までの中長期の地方創生施策の方向性等を決定するものだった。しかし、新型コロナ感染症の急激な拡大の影響を受けて、当面の地方創生の進め方を提示するものとなった。そこでは、地域におけるSociety5.0の実現に向け、医療、福祉、教育など社会全体の未来技術の実装を支援することを通じて、デジタル・トランスフォーメーション（DX）を強力に推進すること、また地方創生SDGsの普及促進活動の展開、地方公共団体によるSDGs達成のためのモデル事例の形成など、SDGsを念頭に置いた計画が盛り込まれた。さらに、特定の地域に継続的に多様な形で関わる人に関して「関係人口」の創出・拡大も盛り込まれた。

## 全国の人口減少

ではこうした地方創生策は日本の人口減少にどのような効果があったのだろうか。残念ながら人口減少の歯止めをかけるという意味ではその効果は極めて限定的だったといわざるを得ない。合計特殊出生率では、二〇一五年は一・四五であったが、二〇二〇年には一・三三、二〇二二年には一・二六に低下した。また出生数では二〇一六年以降減少が続いており、二〇二二年には八〇万人を割って七七万七四七人まで減少した。

人口変動においては従来、地方の人口を大都市部が吸収する動きが見られた。しかし、近年は大都市部においても人口減少が進み始め、地域によらず人口減少が加速する時代を迎えている。

総務省による二〇二二年一〇月一日現在の日本の人口は、全国四七都道府県のうち人口が増加したのは東京都のみで後は沖縄県を含めすべての道府県で減少に転じた。沖縄は自然減少に転じ、比較可能な一九五〇年以降初めて全ての都道府県で自然減少となった。

人口減少率が前年に比べ拡大したのは二三道県で、うち岩手県、福井県及び和歌山県（対前年差〇・

一六ポイント）の減少が著しい一方、人口減少率が縮小したのは京都府（対前年差〇・二〇ポイント）など一九府県となった。日本人人口は一億二二〇三万一〇〇〇人で、前年に比べ七五万人の減少（マイナス〇・六一％）となり、一一年連続で減少幅が拡大した。

次に人口減少の深刻さとそれが地域社会にどのように影響を与えるのかをいくつかの地域についてみてみよう。

## 秋田県に見る人口動態の変化

人口減少は今に始まったものではない。一部の自治体では人口減少は一九五〇年代から半世紀以上にわたって続いている。しかし、近年の少子高齢化の進展とともに、人口問題がクローズアップされるようになった。

秋田県は人口減少が全国でも最も深刻であるといわれるが、その実態を解明したい。秋田県を見ると、人口が最も多かったのは一九五六年と半世紀以上前のことである。そのときには一三五万人を記録したが、二〇二三年八月一日現在、九一万五六九一人にまで減少した（秋田県企画振興部調査統計課）。一年間（二〇二二年八月一日～二〇二三年七月三一日）の減少を見ると、自然増減ではマイナス一万三八三一人、社会増減ではマイナス二七〇五人となっている。秋田県として若者が進学、就職のために県外に転出する傾向を抑制することは重要といえるが、人口減少についていえば、そもそも人口の多くを占める高齢者の自然減が加速する時期を迎えていることが最大の理由といえる。二〇一三年から二〇二二年の間の自然動態における死亡者数は、一万五〇一六人から一万六五〇七人へと一四九一人増加している。この対策としては長寿化が考えられるが、数年間寿命が延びたとしても結局は人口減少に結びつくだけで根本的な対策にはならない。なお、死亡者数は年ごとの増減があるものの基本的に年が新しいほど減少が大きい。

人口動態を左右するもう一つの要因は出生数の推移である。二〇一三年の出生数は六二四八人であったが二〇二二年には四一〇五人と二一四二人減少している。高齢者の死亡より出生数の減少数の方が大きい。出生数の一〇年間の減少を見ると毎年、前年より減少する傾向が続いており、二〇二三年には出生数が四〇〇〇人を割り込む可能性が高い。

秋田県の人口減少を増減率で見ると人口減少の加速化が見て取れる。二〇一三年の人口増減率はマイナス一・二二%だったが、二〇二二年にはマイナス一・五八%にまで加速している。二〇二二年のマイナス一・五八%を構成する自然増減はマイナス一・三一%、社会増減はマイナス〇・二八%となっており、自然増減の減少の影響が大きい。

社会増減の減少幅は一〇年間で縮小しているにもかかわらず、自然増減の減少幅は、二〇一三年のマイナス〇・八二%から二〇二二年のマイナス一・三一%と顕著に拡大している。これは秋田県の人口構造そのものが高齢化している結果と考えられ、避けることが不可能な現象ともいえる。さらに高齢者の増加に留まらず、妊娠する女性の世代の人口が年少ほど少なく、その結果、仮に出生率が改善しても年を経るごとに出生数が減る現象が見られる。つまり、大幅な社会増がない限り、超高齢パターンに陥った秋田県は人口減少から抜け出ることは不可能で、人口減少は今後さらに加速することが想定される。

筆者はこれを「砂時計現象」と呼ぶ。砂時計の砂は当初の変化は小さく見えるが、時間が経つと一挙に減少スピードが加速して見える状況と似ている。秋田県以外にも東北の各県は同様の状況になりつつあり、人口減少率は年を追うごとに拡大し、人口減少が加速する状況へと入っていく。そうなると人口維持どころか地域社会の持続性が不可能な段階へと移っていくともいえる。

## 秋田県の人口ビジョン

秋田県では人口減少を県にとって最大の課題と捉えている。二〇一四年一二月に政府が「まち・ひと・しごと創生長期ビジョン」（「長期ビジョン」）を策定したことを受け、秋田県では二〇一五年一〇月に「秋田県人口ビジョン」を策定した。さらにその後、二〇二一年三月に「秋田県人口ビジョン」を改訂している。

改訂版の新ビジョンでは、秋田県の人口に関わるデータとしていくつかの特徴を挙げている。

一つは未婚率の高さである。秋田県の未婚率は、男女共に年々上昇傾向にあり、二〇二〇年には、三五～三九歳の男性で四〇・九％、三〇～三四歳の女性で三七・五％となっている。一九八〇年と比較した場合には、三五～三九歳の男性で約三五ポイント、三〇～三四歳の女性で約三一ポイントと大きく変化している。

秋田県の平均初婚年齢は、全国平均と同様に年々上昇傾向にあり、二〇一九年には男性が三一・二歳、女性が二九・七歳となっている。婚姻数で見ると一九八〇年の約八〇〇〇組をピークに減少傾向にあり、二〇二〇年には二六八六組と初めて三〇〇〇組を割り込んだ。婚姻率（人口千人に対する婚姻数）は、平成一七（二〇〇五）年には四・三であったが二〇二〇年には二・八となり二〇〇〇年以来、全国で最も低い状況となっている。未婚化が出生率の減少の大きな要因になっているといえる。

将来はどうだろうか。秋田県では将来、同県は「老年人口の減少」に陥ると見る。人口減少は一般的に「第一段階：老年人口の増加（総人口の減少）」、「第二段階：老年人口の維持・微減（〇～一〇％減）」と「第三段階：老年人口の減少（一〇％以上減）」の三段階があり、秋田県では二〇四五年までの老年人口の減少率は約一三・〇％であることから、この時点では「第三段階」に突入するとする。

秋田県の将来人口の推計として、国立社会保障・人口問題研究所（社人研）が行った「日本の地域別将来推計人口（二〇一八年三月推計）」では、秋田県の二〇四五年の総人口は約六〇万二〇〇〇人、二〇六五年は約三六万二〇〇〇人となっている。これは今後、二〇年余りの間に人口の三分の一が減少し、また四〇年余りの間に六割程度の人口減が想定されることになる。さらに二〇三五年から二〇四〇年にかけて老年人口（六五歳以上）が生産年齢人口（一五歳～六四歳）を逆転するとの推計もなされている。

一方、秋田県が二〇一五年に策定した人口ビジョンでは、令和四二（二〇六〇）年の約六二万人を目指すべき将来人口としていた。同じ条件で令和四七（二〇六五）年の人口を推計すると五八万六〇〇〇人となる。つまり、二〇一八年の社人研の推計と比べて二二万四〇〇〇人も過大な人数、つまり極めて楽観的な人口想定をしていたことになる。

秋田県では人口減少の原因を①戦後から続く社会減、②平成五年から続く自然減に加え、社会減の原因として、③東京圏との賃金水準の格差、④大学等への進学、⑤女性の就業等、産業構造や社会構造といった構造面での要因が複層的に重なった結果とする。

今後の県独自の将来人口の目標として、改訂された人口ビジョンでは、社人研の推定値よりも一四万人程度多い約五一万人と設定している。

これは、死亡者数は社人研と同等としながらも、二〇四〇年に国民の希望出生率一・八が達成され、その後、人口の維持が可能な水準二・〇七が達成する（二〇五五年頃）ことを前提としている。また社会減は徐々に減少し、二〇四〇年以降は転入と転出が均衡することを仮定している。

しかし、この前提は極めて楽観的であるといわざるを得ない。前回の二〇一五年の人口ビジョンが現実と大きく乖離したように、同様の結果に終わるのではと考えられる。人口減少の維持のための努力は不可欠であるが、一方で、最悪の事態を想定したシミュレーションを行う必要があるだろう。

## 人口減少の影響

秋田県では県政運営の指針となる新秋田元気創造プランにおいても人口減少問題の克服を最重要課題として掲げ各種施策を実施している。また二〇二三年七月には「人口減少時代における持続可能な行政サービスの提供のあり方に関する有識者会議」を設置した。人口減少がさらに深刻化する事態に今後、行政サービスの提供も困難が予想される。その会議に提出された「社会経済情勢の変化と秋田県の現状」では、人口減少によって秋田県がすでに大きな試練に直面していることが記されている。

秋田県の経済を見れば、県内総生産はリーマンショック後緩やかに回復し、ここ数年は三・五兆円程度となっている。その一方、国内総生産に占める割合は低下してきており、近年は〇・六五％前後となっている。一人当たり県民所得は、県内総生産の伸び悩みに伴い全国平均を大きく下回って推移している。その一方、秋田県の有効求人倍率は、近年は高水準で推移し、介護、建設分野を中心に人手不足が続いている。また県内就業者数は、出生数の減少や若年層の県外流出により今後も減少が続くと見込まれ、県内経済の活力低下が懸念されている。

高齢化による地域社会への影響も出ている。県内の自主防災組織率（二〇二二年度：七二・〇％）は、高齢化や過疎化に伴う解散や新規結成の減少により全国平均（八四・七％）を下回り全国四三位の結果となった。秋田県は重要無形民俗文化財では日本一の指定件数を誇るものの、地域の伝統文化を維持・継承する上で担い手の確保が困難となっている。

今後、県の財政を圧迫すると思われるものに公共施設の維持管理がある。三九六施設のうち残使用年数が一〇年以内の施設が九三件、二〇年以下の公共施設が一〇五件と全体の半数を占める。秋田県の財政では県税収入は今後経済成長に伴い微増が見込まれるが、実質的な地方交付税（地方交付税＋臨時財政対策債）は人口減少に伴い減少していくため、一般財源総額は減少していくと推定されている。二〇二二年の秋田県の収入は五九四三億円であるが、二〇二八年には五三六七億円まで減少すると見込まれている。

これまで秋田県は行財政改革の取り組みを進め、その結果、県職員数は約二〇年間で人口減少率を大きく上回る三三％の減少となった。県職員数と同様、市町村職員数も約二〇年間で二九％減少した。しかし、その結果、職員不足が顕著になりつつある。例えば、建築職では県内八地域振興局に配置していた職員を三地域振興局に集約することになった。また県職員の採用辞退者が増加傾向にあり、職種によっては欠員が生じている状況となっている。二〇二二年の大卒程度の採用試験では採用辞退者の割合は二八・八％となった。また大学卒業程度を対象とする秋田県職員採用試験の受験者が減っている。二〇二三度の受験者は昨年度比一七人減の延べ三五一人で、三年連続の減少となり過去一〇年で最低となった。秋田県の人口減少に伴う行政についての先行き不透明感が職員の採用に影響を及ぼしているとも考えられよう。

## 山口県の人口ビジョン

続いて山口県の人口を見てみよう。山口県人口ビジョン改訂版（二〇二〇年六月）には山口県の人口の動向が詳しく論じられている。

同じ県レベルの人口ビジョンでも秋田県と山口県の人口ビジョンは大きく異なる。秋田県の人口ビジョンは楽観的に想定が行われ、目標とされる将来人口は過大に見積もられている可能性が高い一方、山口県の人口ビジョンは政府の想定に沿って、山口県にとって極めて厳しい数字を提示している。さらに他県の人口ビジョンにはない、人口減少がどのように人々の暮らし、経済、県の財政に影響を与えるかについて厳しい想定を記述している。

山口県の総人口は、一九五八年の一六二万人（推計人口）をピークに一九七〇年にかけて減少した。その後、第二次ベビーブームの到来で増加に転じ、一九八五年には一六〇万人台に達した。その後、再び減少に転じ、二〇一〇年に行われた国勢調査では一四五万人、二〇一六年には一四〇万人を割り込んだ。

山口県は、一九五四年の統計開始以降、常に転出数が転入数を上回る社会減の状況であり、また、出生数の減少と高齢化の進行に伴う死亡数の増加により、一九九五年以降は死亡数が出生数を上回る自然減の状況が続いている。今後もこの趨勢が続くと仮定すると、二〇四五年には約一〇四万人（二〇一五年比でマイナス二五・三％）に減少すると推計されている。

年齢区分別の人口の推移を見ると、年少人口（〇～一四歳）では、第一次ベビーブーム後の一九五五年に約五三万九〇〇〇人でピークを迎えて以降減少し、その後、第二次ベビーブーム時に微増するものの、再び減少に転じ、二〇一五年には約一七万人とピーク時の三分の一以下に減少した。

生産年齢人口では一九八五年の約一〇五万五〇〇〇人をピークに、以降減少を続けており、第一次ベビーブームに生まれたいわゆる「団塊の世代」の六五歳到達等に伴い、その減少ペースは速くなっている。六五歳以上の老年人口では、高齢化の進行に伴い増加を続けており、二〇一五年に約四四万八〇〇〇人となり、三〇年前の約二・一倍になった。また、老年人口のうち七五歳以上（後期高齢者）の人口は、二〇一五年に約二二万六〇〇〇人と、三〇年前の約二・七倍にまで増えた。山口県の女性人口のうち主な出産期に当たる二〇～三九歳の人口は、一九八五年の約二一万五〇〇〇人から、二〇一五年には約一二万八〇〇〇人と四〇・五％減少した。これは総人口の減少率（一二・三％）を大きく上回っている。

また、県内で出生した子どもがその後成長し、当該年齢になったと仮定した人数と、現在の人口を比較すると、一五～一九歳まではほとんど差がないものの、二〇～二四歳以降は他地域への転出により大きく減少している。二〇～三九歳の合計人口は出生時の約七六％になっており、出産期の女性の県外流出が出生率の低下に加え出生数の減少の大きな要因となっている。

山口県の改訂版人口ビジョンでは、現在の趨勢が同様に続くことを想定し、総人口は二〇四五年には約一〇四万人、二〇六〇年には約八六万人にまで減少し、その後も留まることなく減少していくと推計している。

年齢区分別に見ると年少人口では、二〇一五年の約一七万人から、二〇四五年には約一〇万九〇〇〇人に減少、二〇六〇年に約八万七〇〇〇人（二〇一五年比五一・二％）に減少すると推計される。一方、生産年齢人口では、二〇一五年の約七八万四〇〇〇人から、二〇四五年に約五一万一〇〇〇人に減少、二〇六〇年に約四二万六〇〇〇人（二〇一五年比五四・三％）に減少を想定している。

一方、老年人口は、二〇二〇年に約四六・七万人でピークを迎え、その後二〇四五年に約四一万一〇〇〇人、二〇六〇年に約三四万四〇〇〇人（二〇一五年比七六・四％）と減少するものの、年少人口や生産年齢人口に比べて減少ペースは緩くなる。六五歳以上人口割合（高齢化率）は二〇五五年頃まで上昇し、その後、四〇％程度で高止まりすると推計される。一方、七五歳以上の人口割合は、二〇六〇年頃まで上昇し、その後は二六％程度で高止まりするとする。

## 人口減少による将来の影響

以上のような人口変動は市民の暮らしにどのような影響を与えるだろうか。山口県人口ビジョンでは二〇五〇年時点の県民生活の影響を（1）生活分野（2）子育て・教育分野（3）医療・介護分野（4）産業分野（5）地方財政に分けて分析している。

### (1) 生活分野

スーパーマーケットやコンビニエンスストアなどの生活用品を取り扱う店舗数については、消費者のニーズやライフスタイルの変化等に伴い、店舗規模の変化や高齢者の需要を踏まえた新規出店の可能性もあるものの、人口減少により需要が縮小する地域においては、店舗の撤退が予想され、自動車を運転できない高齢者など、食料品等の日常の買い物が困難な住民が増加することが見込まれる。生活に密着した店舗の撤退等が見込まれるような地域においては、日常生活に不可欠なバスや鉄道などの生活交通の維持・確保がより一層重要になる。しかし、沿線住民の減少に伴い旅客輸送需要が減少し、運賃の値上げや減便、最終的には廃線など、生活交通の利便性が損なわれることが懸念される。人口減少が住民の生活の不便さを助長する可能性が高い。

### (2) 子育て・教育分野

入所・入園児童数の減少は、子ども・子育て関連施設の経営環境の悪化に伴う施設の縮小や廃止に繋がることが予想される。施設の縮小や廃止が進めば、特色ある施設の選択が困難となり、多様な保育・教育機会が損なわれることや、利便性が低下することなどが懸念される。また、児童・生徒数についても、二〇六〇年には現在の約半数まで減少すると推計され、児童・生徒数の減少により、活力ある教育活動を展開することができなくなること、また、老朽化した校舎の建て替えが困難になり、学校の統廃合を一層、進めざるを得ない状況になることも十分に考えられる。

### (3) 医療・介護分野

県の人口が二〇六〇年までに現在よりも四割近く減少する一方で、医療ニーズの高い高齢者割合が増加する。そのため、患者数については人口減少のペースよりは緩やかに減少することが見込まれる。

医療費については、高齢者数がピークを迎える二〇二〇年に最大となり、以降減少することが見込まれるものの、高齢者割合の増加に伴い、一人当たりの医療費は上昇することが懸念され、医療保険料の総額及び一人当たりの額については、医療費と同様に推移するものと見込まれる。

要介護・要支援認定者数については、六五歳以上の高齢者人口は二〇二〇年まで、七五歳以上の後期高齢者は二〇三〇年まで増加を続けることから、しばらくの間は要介護・要支援認定者数の増加が見込まれるが、その後は緩やかに減少していく。

介護費用については、要介護・要支援認定率が急上昇する七五歳以上人口がピークを迎える二〇三〇年まで増加が見込まれる。その後、七五歳以上人口は緩やかに減少して、二〇六〇年には二〇二〇年の水準とほぼ同じになると推計されることから、介護費用は徐々に減少していくものと見込まれる。

## （4）産業分野

前提として、日本全体が人口減少社会に突入している状況の中において、多くの事業所で事業規模を維持・拡大していくことは大変困難であることが推測される。

就業者数については、二〇六〇年には生産年齢人口が現在の半数近くまで減少するため、人材不足はさらに深刻な問題となる。特に現在すでに人材が不足し、今後の高齢化社会において大きな需要が見込まれる介護や医療など社会保障分野の人材や、今後老朽化が急速に進む社会インフラの維持管理や災害復旧等を担う建設業の担い手を確保することは極めて困難になると予想される。農業については、現在、就業者の八割以上が六〇歳以上であり、すでに若年層の後継者不足が深刻化している。今後、人口減少による食料消費量の減少が農家所得の低下を招き、担い手の確保がさらに難しくなることも予想される。担い手確保がこれ以上進まなければ、耕作放棄地がさらに増加し、周辺地域への病害虫・鳥獣被害の拡大や治水機能の低下等を招くことも懸念される。

## （5）地方財政

地方財政については、今後の税制の改正に依存する部分も多く、将来を見通すのは困難ではあるが、生産年齢人口の減少や産業の縮小に伴う個人県民税や自動車税、法人二税（法人県民税、法人事業税）等の税収減が見込まれることに加え、高齢化に伴う社会保障関連経費などの負担増が見込まれる。その結果、より厳しい財政運営を迫られることが予想される。

厳しい人口減少に直面している秋田県や山口県と対照的なのは沖縄県である。沖縄県は本土復帰以降、近年まで総人口が増加基調で推移してきた。合計特殊出生率も全国一位を維持している。

しかし沖縄県では平成元年以降、合計特殊出生率では人口を維持する水準を下回る状況が続いている。将来の課題を想定して、沖縄県では二〇一四年三月に「沖縄県人口増加計画」を発表した。「人口が増加基調にある現段階において積極的な人口増施策を展開し、その減少及び構成変化に係る影響を最小限に食い止め、地域の活力と成長力を維持・発展させる必要がある」との認識に基づき沖縄県人口増加計画を策定することになったとその趣旨が述べられている。人口の面では最も余裕があった沖縄県が、将来を見越して人口政策を独自に立てたことは大いに賞賛に値するだろう。

さて、離島の多い沖縄県では、県全体の人口が増加しているわけではない。県内の離島・過疎地域では、すでに人口減少が始まっており、そうした地域においては人口の維持・増加は、地域社会を維持していくための切実な課題になっている。そうした現実を踏まえた上で、沖縄県としてバランスの取れた人口増加を図ることをこの計画において目標としている。

これまで沖縄県では人口の増加が続いてきた。一九八〇年に一一一万人であった人口は、一九九〇年には一二二万人、二〇〇〇年には一三二万人、二〇一〇年には一三九万人と順調に増加してきた。自然増減を見ると出生数はほぼ一定であるにもかかわらず、高齢化による死亡者数の増加によって、人口増は徐々に減少する傾向が見られており、一九九〇年にはほぼ一万人程度あった自然増は二〇一二年には六四四八人にまで減少した。

沖縄県では二〇〇五年以降、合計特殊出生率は上昇傾向で推移し、二〇一二年には一・九〇となり、一九九〇年代中頃の水準まで回復した。これは、全国平均を大きく上回り、全国一の水準となっている。しかし、本来人口の維持に必要とされる二・〇七よりは低いため、将来の人口維持のためには、さらなる出生率の上昇を図る必要性がある。

合計特殊出生率の低下の要因として、女性の有配偶率と有配偶出生率の二つを想定することができる。人口に対する結婚している者の割合である女性の有配偶率は、未婚化・晩婚化に左右される。一方、有配偶出生率は、ある年の結婚している女性人口千人に対するその年の出生数の割合を意味する。沖縄県では有配偶率は、一九八〇年以降、どの年齢階級においてもほぼ一貫して低下傾向で推移しており、未婚化・晩婚化が進行している。一方、有配偶出生率は、一九九〇年以降、横ばい、もしくは緩やかな増加傾向で推移しており、二〇一〇年の比率は、一九八〇年以降で最も高い値となっている。すなわち、沖縄県では少子化の最大の原因は未婚化・晩婚化であるといえる。

生涯未婚率は全国的に上昇しているが、二〇一〇年の都道府県別の順位では、沖縄県は男性が二位（二五・〇五％）女性が四位（一二・七二％）と極めて高くなっている。さらに、沖縄県の一五～四九歳の女性人口は、二〇〇〇年をピークに減少しており今後、そのことが出生数の減少に繋がる可能性もある。

## 社会増減

一方、社会増減を見ると、ほぼ拮抗しているものの二〇〇九年以降は増加傾向が続いている。沖縄県の社会増減は、全国の有効求人倍率の変動の影響を強く受ける傾向がある。全国の有効求人倍率が上昇すれば、県外への転出が増加し、不況で有効求人倍率が低下すれば転入超となる傾向が見られる。

沖縄県へ転入する人たちは「のんびりと生活できるところ」「気候がよいところ」「自然が豊かな場所」というイメージを沖縄に持っている。沖縄県が二〇一三年一〇月に実施した移住者に対するアンケート調査では、そうした回答がはっきりと現れており、本土にない沖縄の特殊な環境が魅力になっていることがわかる。

一方、三年以内に沖縄を去る人も多く、その理由として、沖縄の低い賃金水準や交通の不便さ、また子育ての環境が合わないことなどが挙げられる。沖縄県では、二〇一三年の時点で、二二一六人の待機児童がおり、待機児童数は全国的にも高い水準にある。また潜在的待機児童を含めれば、約一万人に上るといわれる。

「沖縄県人口増加計画」では沖縄県の人口減少に繋がる要因として以下の四点を挙げている。

・沖縄県の合計特殊出生率は全国で最も高いが、人口置換水準（二・〇七）を下回る状況が続いている。合計特殊出生率低下の主要因は有配偶率の低下にある。

・夫婦が理想とする数の子どもを持てない状況が続いているが、保育所入所待機児童が解消されないなど、子育て環境は十分に整っているとはいえない。

・沖縄県の社会移動は全国の景気に大きく左右される。また、多くの移住者が沖縄に来ているが、その多くが三年以内に転出しており、定着率は高くない。
・離島では、移住者の多い一部の市町村を除いて、そのほとんどで人口減少が始まっている。

## 外国人への注目

さて沖縄県では二〇二〇年に「沖縄二一世紀ビジョンゆがふしまづくり計画（沖縄県まち・ひと・しごと創生総合戦略）」をつくり、二〇二二年三月にはその改訂版を策定した。

この中で興味深いのは、外国人の定住に注目している点である。「社会移動の視点から日本人と外国人の動向を見ると、日本人は二〇一三年以降、転出者数が転入者数を上回って推移しているのに対して、外国人は二〇〇一年以降、転入超過が続いている。これより、本県の社会増の要因は外国人であることが窺える」としている。

外国人は二〇一〇年の七六五一人から二〇二〇年の一万八一五七人と一〇年で約二・四倍と大きく増加している。なお、総人口に占める外国人の割合は二〇一〇年の〇・五五％から二〇二〇年には一・二四％となっている。

国籍・地域別の外国人人口数を見ると二〇一五年にはアメリカ人が最も多く、二〇二〇年では中国人が三〇〇七人で最も多くなっている。またベトナム人、ネパール人の増加が顕著となっている。外国人の雇用状況を見ると、年々増加傾向にあり、二〇一一年の二一八〇人から二〇一九年には一万三一四人と五倍近くに増加している。国籍別では、二〇一九年にはネパール人（二四六八人）が最も多く、次いでベトナム人（一九八五人）、フィリピン人（一二一三人）の順となっている。

さて、全国の中では高い出生率により人口減少を免れてきた沖縄県だが、二〇二三年四月に総務省が発表した二〇二二年一〇月一日時点の人口推計では、沖縄県は一九七二年の日本復帰以降、初めてマイナスとなった。人口は年間〇・〇一%減の一四六万八〇〇〇人となり、想定より早く人口減期を迎えることになった。

次に市レベルの人口問題への対応を見ていきたい。

## 燕市の事例

新潟県燕市は二〇一五年八月末日現在、八万一八四六人を擁する越後平野のほぼ中央、新潟市と長岡市の中間に位置する内陸の都市である。

燕市では二〇一五年六月に「燕市人口ビジョン（第一期）」を発表した。それによれば二〇〇〇年より始まった人口減少は今後、加速度的に進むとしている。

それに対して燕市ではどのような対策を講じようとしていたのだろうか。二〇一五年の燕市市民意識調査では、何人の子どもを持ちたいかという調査を行っている。これによれば配偶者がいる人については二・六〇人、配偶者なしの人については一・九九人で、合計では二・二七人という結果となっている。

また結婚のイメージについての調査では、家族が増えることへの肯定的な意見が多い一方で、結婚することで、生活が制約されることに否定的な意見も多く見られた。独身者は「独身生活のほうが自由である」「精神的・金銭的自立ができていない」「男女の出会いの場が少ない」「結婚の必要性を感じない」を結婚が遅れる理由として挙げている。

燕市としては以上の調査から子どもの数は二・二七人まで増やせる可能性があるとして、以下のような考えに基づいて方針を立てた。

・結婚、妊娠、出産、子育てに関する支援を充実させることによって、二〇三〇年までに希望出生数に近づける可能性がある。
・既婚者は未婚者よりも子どもをより多く希望する傾向があるため、婚姻数が増加すれば子どもの数も増加する可能性がある。
・希望出生数を満たすためには、第一子の出産年齢の上昇は障壁となる可能性があることから、婚姻年齢を早め、第一子の出産年齢も早めることが望ましい。

以上とともに、重要度が高く、満足度が低い「仕事と子育ての両立」に対する支援の充実が喫緊の課題であるとしている。

一方、社会増ではどうだろうか。燕市の主力産業は製造業、次いで卸売・小売となっており、産業の種類は東京都の方が多く、職業の選択肢も多いため、若者が東京に流出する傾向がある。それを抑制するためには、一定量の雇用を持続的に創出し、業種や職種に対する選択肢も増やす必要があり、雇用機会の創出のための競争力の強化、産業の高付加価値化を目指す必要があるとする。

具体的には、燕市の事業者の求人ニーズと求職者とのマッチング支援が必要であり、若年層が求める「能力・個性を生かしたい」「仕事が面白い」に対して、これらの期待に応える業種、職種の開発とマッチングが重要である。また就職情報の提供や相談等の支援が必要であり、そのためにはいつ、どんな情報を、どのように提供するのかについての民間ノウハウの活用が不可欠とする。

さて、二〇二〇年三月、燕市は二〇一五年の第一期ビジョンに続いて、二〇二〇～二〇二二年のための「第二期燕市まち・ひと・しごと創生総合戦略」を策定した。ここでは、人口ビジョンを策定した二〇一五年から二〇一九年までの間において人口は七万九七八四人（二〇一五．一〇国勢調査人口）から七万七三〇七人（二〇一九．一〇人口）へと二四七七人減少したことが記されている。そしてこの人口動向は第一期人口ビジョンで示した戦略的推計人口や、国立社会保障・人口問題研究所の予測する地域別将来推計人口（二〇一三年三月推計）を下回っており、非常に厳しい状況であるとする。

さらにその後、燕市は二〇二三年三月、「燕市第三次総合計画」を発表した。新たな人口ビジョンを策定する代わりに、この総合戦略の中で人口政策について詳細に述べている。

ここでは二〇二二年の目標人口を七万八〇〇〇人に設定したが二〇二〇年国勢調査結果は、すでに目標人口を割り込む七万七二〇一人であり、目標を達成することは困難な状況となったとする。一方で、国立社会保障・人口問題研究所が二〇一三年に公表した二〇二〇年の推計人口は七万六八六一人でありこれを三四〇人上回る結果となった。直近の国勢調査による人口が、第二次総合計画策定当時の社人研推計人口を上回っていることから、これまで取り組んできた定住人口増戦略は、一定の効果があったとする。

## 地方創生で人口問題は解決するか？

他の自治体においても、ビジョンの中で国の方針に従い高い出生率の達成が可能と想定する例が多い。しかし、取りうる政策群を組み合わせると出生率が何ポイント上昇するといった客観的な統計やデータは全くないにもかかわらず、将来、出生率一・八が達成され、さらに人口減少が止まる二・〇七の達成可能と想定するのはあまりに希望的な想定であり客観性を欠いているといわざるを得ないだろう。

日本において、過去数十年間にわたって、各自治体において人口減少を止め、出生率を改善するためのさまざまな政策はとられてきた。しかし、成果が上がらないことが現在の状況に繋がっている。

二〇一五年一一月一七日付の日本経済新聞の「地方版人口ビジョンを見てみると」の記事では、地方版人口ビジョンの問題点として、「第一は相変わらずの国主導、地方横並びだ。これなら、どこかの機関が一律の前提で全自治体の人口展望を計算しても同じで、自治体が莫大なエネルギーを費やして作成するまでもなかった」とし、「第二に、このような楽観的な人口展望は、人口問題への対応を難しくする」として、「地域別人口ビジョンの試みは失敗だった。早急に軌道修正を図るべきである」と結論づけている。

この記事が主張するように、最初に出生率一・八あるいは二・〇七の数字の達成がなされることを前提に各地域の将来人口が予想されるのであれば、一定の人口対策さえすれば、地方の将来に対して深い危機感を保つ必要はない。しかし、現実にはその達成が極めて難しいことは、現在の日本のレベルにまで低下した出生率が二を超えて上昇した例は世界にはないという事実からも明らかである。人口の安定が図れる前提の人口ビジョンを作成したことで、各自治体が危機は回避可能と安堵し、将来に対する危機感が薄れてしまうことこそ、極めて危険であり、政府の将来設計と異なる未来となり得ることも想定する必要があるだろう。

## 外国人の定住化という視点

一方、こうした地方創生の議論の中で欠けているのが外国人を定住者として迎えることについての議論である。

北海道北見市では二〇一五年六月二六日から北見市地方創生総合戦略策定委員会が総合戦略の策定を始めたが、同年七月一四日の第二回委員会の議論では、ある委員から人口増加のために、外国人、移民の受け入れまで考えるのかについて質問が出された。事務局では「ブラジル人の移民の受け入れを行っている自治体もあるが、北見市はコンセンサスを現段階では得ていないが、議論の余地はある」と答えている。また長野県飯山市の地方創生総合戦略会議（二〇一五年七月六日開催）では委員から海外からの移民については、どのように考えているのかとの質問が市長に対してなされ、市長からは「海外からの移民という施策は、全くゼロということではないが、実際には、非常に課題があると思う」と回答している。

二〇一五年五月一五日に開催された兵庫県豊岡市地方創生戦略会議では委員から、世界の大学で日本語を学んでいる学生たちに一か月ほど地元に滞在させ、豊岡の魅力を体験してもらうこと、また数百人、数千人の海外からの移住者の受け入れについて提案がなされている。さらに、長期的には国際結婚が非常に重要であり、二〇四〇年、二〇六〇年に豊岡市の国際結婚率がほかの地域に比べて三倍ということを目標として掲げてはどうかとの提案がなされている。

二〇一四年の時点で県レベルで人口増加のための外国人の受け入れを想定しているのは沖縄県である。二〇一四年四月に策定された「沖縄県人口増加計画～沖縄二一世紀ビジョンゆがふしまづくり～(概要)」では他の自治体と違って、移民に対する明確な記述がなされている。

沖縄県として通常の人口増対策に加えて、「国内外からさらに多くの移住者等を受け入れ、世界に開かれた活力ある社会を目指す」と明言している。

また「沖縄県民は、歴史的にも、また県民性としても、多様な文化を受容する特性を有している。国内はもちろん、県系二世、三世が多く暮らす南米をはじめ海外のさまざまな国々から、沖縄への移住者が増えるにつれて、移住者のもつ異文化に対する沖縄社会の受容性はますます高まっていく」「異文化との交流を沖縄社会の文化、経済の発展に生かせるまでに社会が成熟することで、沖縄が世界に開かれた活力ある地域となることを目指す」と海外からの移住者受け入れについての積極的な考えを示している。

また自動車を始め日本の製造業をけん引する愛知県の「まち・ひと・しごと創生総合戦略」では、

「海外からの人材獲得」との項目を設けている。この項目では「世界有数のモノづくり地域を支える人材の集積を図るため、本県企業が多数進出するアジア諸国からの技術系を中心とした留学生を受け入れ、本県企業への就職を促す。また、県内企業での留学生インターンシップの促進など、県内大学に在籍する留学生の県内企業への就職を支援し、地域への定着を図る」としている。外国人の人材を積極的に受け入れることを総合戦略に書き込む例として注目すべきである。

地方創生の下で行われる出生率の改善や地方の産業の活性化を目指す個々の政策は実施することが不必要であるとまではいえない。むしろ、人口減少のペースを若干でも緩める意味において必要不可欠であるといえる。しかし、人口水準の維持に必要な出生率二・〇七の回復がそうした政策を総動員したとしても達成されるという保証は全くなく、人口減少は半永久的に継続するだろう。

出生数の改善の達成が不可能で、人口一億人の維持、また生産年齢人口の回復が不可能である以上、世界の日本に対する期待も将来、大きくしぼむだろう。財政問題では日本政府が抱える負債の返還が不可能という認識が世界に広がれば、日本の財政危機に結びつく懸念も払拭できない。

政府が掲げる出生率の改善と人口維持の目標が極めて高い設定であることを考えれば、政策が功を奏さなかった場合の代替案を想定しておくのが当然である。代替案なしに日本の将来はなんとかなると考えるのは、あまりに楽観的、無責任すぎるといわざるを得ない。地方創生に加えてもう一つのシナリオ、すなわち外国人の受け入れを準備しておく賢明さが求められる。

次章では人口減少の日本で重要性を増しつつある在留外国人について、地域社会でどのように対応してきたのかを多文化共生の政策の変遷を考えてみよう。

# 第二章

# 多文化共生の変遷

人口政策として外国人の受け入れを検討するにあたって、これまでの多文化共生の歴史的経緯をたどりながら、自治体がどのような取り組みをしてきたのかをこの章では検討する。さらに多文化共生を政府として進めるための政策やその一環として行われている多文化共生推進プランについて議論する。

## 国際交流・協力の経験

前章では日本の自治体が今後の人口減少によって危機的な状況になり、政府の実施する地方創生は重要であるものの、それだけでは万全ではないため、これまで十分な検討が加えられてこなかった地域社会への外国人の定住化という課題に各自治体は取り組む必要があることを見てきた。

ただし、日本の自治体にとって地域に在住する外国人への対応はゼロからスタートしなければならないものではない。すでに「多文化共生」という名の下で、二〇年以上にわたる経験を持っている。そして多文化共生に加えて、日本の自治体は半世紀に近い海外との交流に取り組んできた経験がその土台にある。地域レベルで行われてきた国際交流の経験は、自治体にとって在留外国人に対する多文化共生の活動の基盤として重要な意味を持つといってよいだろう。

## 姉妹都市交流

自治体が地域の枠、国の枠を超えて海外との交流を始めた端緒となる活動が姉妹都市提携である。日本では一九五五年一二月七日の長崎市とアメリカ・セントポール市との提携が最初であるが、当時は姉妹都市という言葉は使われておらず、「都市縁組」という言葉が使われていた（長崎日日新聞、一九五五年九月四日付）。

この提携はアメリカ・セントポール市側からの要請で行われたものであったが、アメリカ側の意図は日米の戦争の傷を癒やし、平和への道を草の根レベルで探ることにあった。そこで原爆が投下された長崎市に対して締結の提案が行われ、一方、長崎市側も旧敵国のアメリカからの提案に対して忌避することをせず、むしろ積極的に対応しようとし、市議会は全会一致で市長の訪米を可決した。日本初の姉妹都市提携はこうして両市の間で締結されたが、当時は姉妹締結の文書の交換は行われず、セントポール市での締結の祭典が締結日となっている。

長崎市の後、一九五七年に六件、五八年に四件、五九年に一〇件と、一九五〇年代後半に計二一件の姉妹都市提携が行われた。そのうちアメリカ以外の国との姉妹都市提携はオーストリア一件、フランス二件、ドイツ二件であり、初期の日本の姉妹都市提携はアメリカを中心に展開された。

東京オリンピックが開催された一九六四年には一般国民の海外渡航が自由化され、海外への観光旅行が認められるようになった。しかし、一般庶民にとって海外旅行は高嶺の花であり、実際に海外に旅行ができたのは極めて限られた人たちだけであった。

やがて日本は高度成長期を迎え、一九六〇年代には新たな姉妹都市提携は八一九件と急増した（都道府県を含む。『一九九九日本の姉妹自治体一覧』自治体国際化協会）。その後、海外旅行も大衆化が始まったが、姉妹都市提携は、地域社会の人々にとって海外を身近に実感し、異文化に対する拒否反応を払拭する意味で大いに貢献したといえるだろう。

従来、欧米中心であった姉妹都市提携に加え、アジアとの姉妹都市提携が始まったのは一九六〇年代の後半であり、本格化するのは一九七〇年代からである。最初の日韓の姉妹都市提携は、山口県萩市と韓国慶尚南道蔚山（ウルサン）市との提携であり一九六八年一〇月二九日に行われた。その後、両国の政府レベルでの対立にもかかわらず、距離が近く交流が容易なことが幸いし、両国の間では極めて活発な交流が行われている。一九六〇年代は一件、七〇年代は一〇件、八〇年代一五件、九〇年代四七件、二〇〇〇年代五二件と近年になって急増している。

韓国との姉妹都市提携は九州、中国地方、近畿に多いという特徴がある。九州は県レベルの提携は熊本県、長崎県、佐賀県であり、基礎自治体では七県全部が韓国と姉妹都市提携をしている。中国地方においては県レベルの提携が多く、また交流の歴史も長い。特に鳥取県では県を含めて九件の提携がなされている。

一方、中国との姉妹都市提携は一九七二年の日中国交回復の翌年、神戸市と天津市との間で一九七三年六月二四日に行われたのが最初である。日中間も距離が近く、交流がしやすいこと、またかつてから日中友好協会などが各地域で活動していたこともあり、数多くの姉妹都市提携が行われた。

二〇一三年一二月一日現在、中国との姉妹都市提携は三八三件に上っている。一九八〇年代、九〇年代になって急速に数を伸ばし、今ではアメリカに次いで二位の位置を占めている。関東、近畿、九州で特に提携が盛んであり、最も多い大阪府では、府下の一九市町が提携を結んでいる。

中国との姉妹都市は、都道府県単位の提携が際立っており、四七件と全都道府県が中国と姉妹都市提携を結んでいる。市町村レベルで中国との姉妹都市提携を行っていない都道府県は皆無であり、中国との姉妹都市提携は全国に広がっているといえる。

なお、中国との姉妹都市については友好都市という言葉が用いられる。これはどちらも漢字圏の国としてどちらが姉で妹かをはっきりさせないために考えられたものであり、日中間の最初の姉妹都市、神戸市と天津市との提携のときから使われている。

次に、韓国、中国に並ぶ日本の近隣の国としてロシアとの交流についても見てみよう。第二次大戦後の日本とロシア（当時ソ連）との国交回復は一九五六年一二月一二日の日ソ共同宣言の発効によるが、両者の間で北方領土問題の帰着は先送りされた。その結果、日ロ関係は現在まで安定し成熟した関係とはいえない状況が続いている。日本とロシアとの姉妹都市提携は、日ソ共同宣言から五年後の一九六一年六月二一日に行われた京都府舞鶴市とナホトカの提携が最初である。日本を取り巻く近隣諸国の中で最も古い姉妹都市の相手先は韓国でも中国でもなくロシアということになる。

日ロ間の姉妹都市提携は、他国の提携と大きく異なる特徴がある。それは北日本の日本海側の地域及び北海道に集中するという点である。二〇二三年一二月一日現在、ロシアとの間で四八の姉妹都市提携が結ばれているが、北海道内の自治体では、一三市一町一村が一八の姉妹都市提携を結んでおり、北海道庁自体も北隣にある北方領土を管轄するサハリン州と提携を行っている。道内の自治体の間でもサハリン州との姉妹提携は最も多く一八のうちの一二を占めている。一方、関東、東海、四国、九州でロシアとの姉妹都市提携を行う自治体は皆無であり、ロシアとの距離的な関係が姉妹都市提携に大きく影響しているといえる。

日ロの姉妹都市提携は時期にも大きな偏りが見られる。一九七〇年代と九〇年代に姉妹都市提携が増加し、とりわけ九〇年代には急増した。しかし、その傾向は二〇〇〇年以降には継続されておらず、一九九〇年代に新たに一七件の姉妹都市提携が行われたのに対して、二〇〇〇年代にはわずか三件に留まっている。近年の日ロ関係の停滞の影響があり、日ロの多くの姉妹都市交流は市民レベルの交流も滞りがちである。

二〇二三年一二月一日現在、日本の八九九の自治体が一八一七件の姉妹都市提携を世界各国と結んでいる。半世紀以上にわたって全国各地で行われてきた姉妹都市交流によって、地域の住民は初めて国際交流に親しむ機会を持ち、異文化を恐れず、むしろ積極的に外国人と交流することの素晴らしさを体感した。そうした交流に参加した地域住民の一定層は、その後、日本に定住する外国人に対して、積極的に支援を行い彼らとの交流を先導するようになる。その意味で、多文化共生は単なる近年の現象ではなく、草の根の国際交流の基盤の上に立ち全国の地域社会に幅広く根づいてきたものといえよう。

## 政府の関与

姉妹都市交流は自治体の自発的な活動として始まった。しかし、国際交流が次第に盛んになり、国際化が地域の活性化においても重要な意味を持つと考えられるようになると、政府も地域レベルの国際化の推進を図ろうとするようになった。

一九八七年、自治省（現総務省）は「地方公共団体における国際交流の在り方に関する指針」を示した。この指針で「現在、国際交流は転機を迎えており、従来の経済・政治的側面を中心とした国際交流から視野の広い、多様な交流が求められるに至っている。地域住民、民間団体、学術研究機関、企業そして地方公共団体を担い手とする地域レベルの国際交流は、新しい手法と発想の下に独自の分野を開くものであり、特に人的交流、文化交流、地域経済交流の面で、地域のニーズと総意に基づき、新しい展開をもたらすことが期待される」とし、そして「地方公共団体が、地域レベルの国際交流を推進していく基本的な意義は、それによって世界に開かれた地域づくりを推進し、地域の活性化を図っていくことに位置づけられるべきである。このため、地域の特性を生かしながら、国際交流事業を推進して、住民の国際認識と国際理解を喚起し、国際社会における地域アイデンティティを確立して地域産業・経済を振興することを主眼とすべきである」としている。

一九八八年七月に地方公共団体の国際化推進のための活動を地方公共団体が共同して行うための組織として自治体国際化協会が設立された。「語学指導等を行う外国語青年招致事業」（JETプログラム）を自治省・外務省・文部省と連携して実施するとともに、姉妹都市提携や経済交流など自治体による海外活動の支援、海外の地方自治制度に関する情報の提供、在住外国人のための情報提供などを目的としたものである。

その後、一九八九年二月には自治省から都道府県、政令指定都市に対して「地域国際交流推進大綱の策定に関する指針」が通知された。この通知では、「今後地域レベルでの国際交流を一層推進していくためには、地域における国際交流を推進するための大綱を策定し、総合的かつ計画的に地域の国際交流施策を推進していく必要がある」として、都道府県、政令指定都市に国際交流のためのガイドラインの策定を求めている。

また大綱の内容についても五ページにわたり詳細に盛り込むべき事項を示している。その内容は自治体や民間団体、住民の役割や自治体内部での組織体制のあり方など多岐にわたる。また地域の国際交流を推進するにふさわしい中核的民間国際交流組織を「地域国際化協会」として設立することを謳っている。また多文化共生に繋がる内容も七番目の項目として記載されている（次ページ）。

以上のような政府レベルでの通知によって、自治体による国際交流についての体制づくりと政策の枠組みづくりが各自治体で行われることとなった。さらに一九九二年には自治省により滋賀県に「全国市町村国際文化研修所（ＪＩＡＭ）」が設立された。この研修所は、自治体職員の国際交流に関する能力の強化を図ることを目的としたものであり、政府として自治体の国際交流を重要な活動として考えていたことを示すものである。

一九九三年には自治省内に国際室が設けられ、都道府県や政令指定都市では国際交流課など国際交流を所管する担当課が設置された。さらに同時期に、一般には国際交流協会と呼ばれる国際交流を行う地域の中核的な団体として「地域国際化協会」が全国で相次いで設立され、地域レベルの国際化を推進するための体制が徐々に整えられた。

一九九五年には途上国に対する自治体としての国際協力のあり方についての枠組みとして、「自治体国際協力推進大綱の策定に関する指針」の通達がなされた。この指針では「近年では、従来からの

### 7　外国人が活動しやすいまちづくり

地域社会において外国人の立場にたって、外国人にとっても暮らしやすく、活動しやすく、親しみやすいまちづくりを進めることは、地域社会の開放性を高め、活性化していくことにつながる。具体的にはおおむね次のような施策が考えられるが、大綱においてはその事業内容等を記述する。

なお、これらの実施に当っては、国際交流のまち推進プロジェクトの活用を検討することが適当である。

（1）交流機会の提供

外国人が地域住民の中にとけこみ、地域の文化、風俗等に対する理解を深める機会を提供するため、地域の祭り、イベント等への在住外国人の招待、在住外国人との懇談会、交流会の開催といった施策が必要である。

（2）情報提供・相談機能の充実

生活情報、緊急時の情報等在住外国人にとって最低限必要な情報は、インフォメーションセンターの設置や、外国語で表示された生活ガイドブック等の作成・配布により提供するべきである。また、外国語表示された当該地域の地図も、外国人が活動する際には極めて重要なものである。

（3）公共サインの外国語表示

外国人が目的地に容易に到達することができるよう、標識や案内板等の外国語表示を進めることが望ましい。その際、標識等の掲示場所と表示方法を十分検討し、わかりやすい表示とすることが必要である。

**「地域国際交流推進大綱の策定に関する指針」より抜粋**

国際交流の実績を背景としつつ、互いの地域の発展のために地域レベルで協力し合うことが望ましいと考えられるようになってきており、『国際交流から国際協力へ』という新たな潮流が起き始めている」と指摘し、「自治体国際協力は地域レベルの多様なチャネルを通じた国際協力を推進するものであり、それによってより柔軟で広範な国際関係を構築し、世界平和に大きく貢献するものである」としている。

具体的な活動としては「地方公共団体は住民に身近な行政主体として、地域の住民、NGO、経済団体・企業及びボランティア（シルバー・ボランティア、地方公務員OBを含む）等と連携し、国レベルの国際協力に比べ、より多くの人々が参加する地域・コミュニティ・レベルの国際協力活動を展開するように努め、相手地域との幅広い相互理解と対等なパートナーシップに基づく国際協力を推進する」こととしている。

また一九九五年四月には、自治体による国際交流と国際協力を一体的かつ総合的に支援することを目的として、財団法人自治体国際化協会内に自治体国際協力センターが設置された。同センターでは、姉妹交流ライブラリー、自治体国際協力人材バンク及び国際交流・協力に関する情報センターの設置、地方共同プロジェクトのコーディネイト・支援、自治体国際協力モデル・プロジェクトの企画及び実施、海外ネットワークの形成等を目的としていた。

当時、県レベルの自治体の間では、国際協力に自治体として積極的に参加することが議論され、一九九八年に岐阜県の梶原拓知事が自治体版ODAを制度化するための報告書を小渕恵三総理に提出するなどの動きがあった。しかし、その後、バブル経済の崩壊による自治体の財政難が深刻化したこと等により自治体による国際協力活動は次第に沈滞化した。

## 多文化共生の成り立ち

さて、多文化共生に通じる概念で、それに先立つ言葉として「内なる国際化」がある。この用語は、主として一九七〇年代から用いられ始めたと考えられる。自治体はこの時代、姉妹都市提携により海外との交流に積極的に対応したが、その一方で地元にすでに住んでいる外国人に目を向け、地域社会の中の国際化に対応すべしとの意図が「内なる国際化」にはあったと思われる。すなわち「内なる国際化」という言葉が使われた背景には、姉妹都市交流のような自治体としての対外交流が盛んになり、そうした活動が国際化の活動と考えられていたことに対する一種のアンチテーゼであり、地域の足元にこそ国際化の課題があるという意識があったといえよう。

内なる国際化は、在住外国人を地域社会の一員として認識し、彼らの持つ課題に対してより積極的に対応しようという考えであり、多文化共生の原点ともいえるものである。多文化共生が一九九〇年代に多様な外国人の定住化に対応して盛んになっていったのに対して、内なる国際化は、従前から日本に在住していた在日コリアンの抱えるさまざまな課題を解決することに主眼があった。彼らは日本に定住していながら日本人とは異なる処遇を受け、その格差の解消を求めて市民レベルの動きが一九七〇年代から徐々に広がり始めた。

先進的な取り組みを行った例として神奈川県川崎市がある。川崎市では在日コリアンからの要請を受けて、一九七二年に市内在住外国人への国民健康保険の適用を行い、一九七五年には児童手当及び市営住宅入居資格の国籍条項を撤廃した。これらが国に先駆けて行われた点に注目すべきである。在日コリアンの抱える問題に対して直接向き合った自治体は当時、極めて少数であった。従来、在日コリアンは管理の対象であり、日本人と同様な住民としてみなす見方は必ずしも定着していなかった。そうした中で、川崎市のイニシアチブは多文化共生への嚆矢となる重要な一歩であったといえるだろう。またこれらの取り組みは後の政府の政策変更へのステップとなった。

一九七九年に政府は国際人権規約を批准した。これを受けて、建設省(現国土交通省)により、外国人の公営住宅への入居を認めるよう通達が出された。一九八一年には政府は難民条約への加入を行ったが、これに伴い、国民年金法や児童扶養手当法の国籍要件の撤廃が行われた。また一九八六年には国民健康保険法第二七次改正により一年以上の外国人居住者に対し国保が適用されることになった。

一九八〇年代になると徐々に在日コリアン以外の在留外国人が増加するようになる。中でも顕著であったのが留学生である。一九八三年には一万四二八人であった留学生数は、一九九〇年には四万一三四七人にまで急増した。そうした留学生に対して地域社会では彼らへの支援や交流活動が徐々に行われるようになった。自治体では公共サインの外国語表記や外国人のための外国語での行政情報の提供が徐々に始まるようになった。

一九八〇年代になると「地域の国際化」が自治体の重要な政策となり、国際化ブームを迎えた。そうした動きの中で、留学生など新たに日本に在住し始めた外国人に対して目が向けられるようになり、彼らの日本での暮らしへの支援に自治体が取り組むようになったのである。

八〇年代には日本経済の繁栄を受けて、近隣アジア諸国からの出稼ぎ労働者も急速に増加していった。建設現場や工場で働く外国人労働者の中には超過滞在者なども多く、脆弱な立場に置かれていたこともあり、八〇年代後半には、こうした外国人労働者などの人権に関心を持ち、支援活動を行うNGOによる活動が次第に活発化した。こうした対応には自治体よりも、むしろNGOが中心的な役割を担った。

さらに一九八九年には入管法が改定された結果、在留資格の中に「定住」が新設されたことによって、日本での就労に制限のない日系人の在留が可能となった。一九九〇年代以降、ブラジル、ペルー出身者を中心に、日系の南米出身者の工業地域の集積する愛知県や静岡県、群馬県などへの定住が始まり、いわゆるニューカマーと呼ばれる外国人が急速に増加した。

一九九三年には途上国への技術移転を目的とする技能実習制度が開始された。技能実習生は全国の地場産業や農林水産業など幅広い分野で活躍をすることになるが、彼らの働く事業所において法令違反も頻発するようになり、そうした問題に対して取り組むNGOも活発化し、現在に至っている。

以上のように全国的なレベルで在留外国人の存在が大きくなるにつれて、一部の地域の活動として行われていた「内なる国際化」に代わって、一九九〇年代から次第に多文化共生という用語が全国的に使われるようになった。

多文化共生がより広く使われるようになったきっかけとして、一九九五年の阪神・淡路大震災の際に設立された「多文化共生センター」（二〇〇〇年にNPO法人化）の存在がある。同センターは、震災の際に支援の手が届きにくかった在住外国人への支援を組織的に行うことを目的として設立され、全国的に注目されたと考えられる。

二〇〇〇年代になると、外国人市民が集住する自治体によって、多文化共生は重要な政策として捉えられ、政策的な対応が必要と考えられるようになった。二〇〇一年一〇月に開催された「外国人集住都市会議」は、一三都市が集まり、日系ブラジル人を中心とする外国人住民が集住している地方自治体同士のネットワークの場として開始された。この会議では、早くも外国人の定住化を前提として政府に対する政策提言として「浜松宣言」がまとめられた。

二〇〇一年の浜松宣言の内容は以下の通りである。

**「地域共生」についての浜松宣言**

ニューカマーと呼ばれる南米日系人を中心とする外国人住民が多数居住している私たち一三都市は、日本人住民と外国人住民との地域共生を強く願うとともに、地域で顕在化しつつある様々な課題の解決に積極的に取り組むことを目的として、この外国人集住都市会議を設立した。グローバリゼーションや少子高齢化が進展するなかで、今後我が国の多くの都市においても、私たちの都市と同様に、地域共生が重要な課題になろうと認識している。

定住化が進む外国人住民は、同じ地域で共に生活し、地域経済を支える大きな力となっているとともに、多様な文化の共存がもたらす新しい地域文化やまちづくりの重要なパートナーであるとの認識に立ち、すべての住民の総意と協力の基に、安全で快適な地域社会を築く地域共生のためのルールやシステムを確立していかなければならない。

私たち一三都市は、今後とも連携を密にして、日本人住民と外国人住民が、互いの文化や価値観に対する理解と尊重を深めるなかで、健全な都市生活に欠かせない権利の尊重と義務の遂行を基本とした真の共生社会の形成を、すべての住民の参加と協働により進めていく。

以上、一三都市の総意に基づきここに宣言する。

以上の宣言には自治体として外国人を新しい地域文化やまちづくりの重要なパートナーであると認識するとともに、（外国人の）権利の尊重と義務の遂行を基本とした真の共生社会の形成を目指すことが高らかに謳われている。

さて、二〇〇〇年代に入っても在留外国人の数は増加を続けてきたが、二〇〇八年の二二二万人をピークとしてその後、リーマンショックを契機として四年連続減少した。しかし日本経済の回復とともに二〇一三年には増加に転じ、二〇一五年一二月末には二二七万人と過去最高となった。その後、コロナ禍を経て、二〇二二年末には初めて三〇〇万人を超えて、三〇七万五〇〇〇人の外国人が日本で暮らすようになった。

## 総務省の多文化共生への関与

在留外国人の増加に伴って政府レベルでも新たな活動が行われ始めた。総務省では、二〇〇五年六月に「多文化共生の推進に関する研究会」を設置した。この研究会は、自治体としての多文化共生の推進について、総合的・体系的に検討した初めてのもので、多文化共生施策に着手する地方自治体の参考となるよう、「多文化共生の推進に関する研究会報告書〜地域における多文化共生の推進に向けて〜」が提出された。

二〇〇六年三月七日の総務省による報道資料『「多文化共生推進プログラム」の提言——地域における外国人住民の支援施策について』は、この研究会が設置された背景について述べている。日本に住む外国人が近年、急増していること、また外国人労働者政策あるいは在留管理の観点からの検討だけではなく、外国人住民を生活者・地域住民として認識する視点が必要であり、今後のグローバル化の進展及び人口減少を勘案すると、外国人住民のさらなる増加も予想されるとしている。また外国人住民施策は、すでに一部の地方自治体に留まらない、全国的な課題であり、外国人住民を生活者・地域住民として認識する視点であることからそのニーズは高いとする。また自治体が一九八〇年代後半から「国際交流」と「国際協力」を柱として地域の国際化を推進してきたが、今後は「多文化共生」を第三の柱として、地域国際化を引き続き推し進めていくことが求められているとしている。

この報道資料で興味深いのは、今後の日本の人口減少を勘案すると外国人住民の増加が予想されるとしていることである。すなわちこの時点ですでに人口減少の下で、将来、日本に対する在留外国人の増加が想定されていた。

さて、「多文化共生の推進に関する研究会」の報告書では、地方公共団体が地域における多文化共生を推進する上での課題と今後必要な取り組みについて、「コミュニケーション支援」「生活支援」及び「多文化共生の地域づくり」の三つの観点から総合的・体系的に検討し、また各自治体が多文化共生を推進する上で必要となる「多文化共生施策の推進体制の整備」について考え方を整理している。

「コミュニケーション支援」では、地域における情報の多言語化、日本語及び日本社会に関する学習支援が挙げられ、外国人住民の生活相談のための窓口の設置、専門家の養成、NPO等との連携による多言語情報の提供、地域生活開始時におけるオリエンテーションの実施などが取り上げられている。

また「生活支援」では、居住、教育、労働環境、医療・保健・福祉、防災等が議論されており、「多文化共生の地域づくり」では、地域社会に対する意識啓発として、地域住民等に対する多文化共生の啓発の必要性や多文化共生の拠点づくりが議論されている。また同じく「多文化共生の地域づくり」で外国人住民の自立と社会参画が取り上げられ、キーパーソン・ネットワーク・自助組織等の支援、外国人住民の意見を地域の施策に反映させる仕組みの導入、地域社会に貢献する外国人住民の表彰制度などが必要だとしている。

この報告書に基づき、総務省では二〇〇六年三月に各都道府県・指定都市に対して「多文化共生推進プラン」を策定するよう通知を出した。これに呼応して、各地域でプランが作成されるが、条例として設置した自治体もある。宮城県では全国初の「多文化共生社会の形成の推進に関する条例」が二〇〇七年七月に施行された。二〇〇八年には静岡県でも「静岡多文化共生推進基本条例」が制定されている。

二〇二三年四月一日現在、全国で九五八の地方自治体（全地方自治体の五四％）が推進プランの策定を終えている。内訳は都道府県では四七団体、一〇〇％、政令指定都市では二〇団体、一〇〇％となっている（総務省自治行政局国際室）。

## リーマンショック

一方、リーマンショックによる日系人の生活困窮者の増大を受けて、二〇〇九年一月には内閣府に「定住外国人施策推進室」が設けられ、関係省庁の連携による対策が協議された。その結果、二〇一〇年八月には「日系定住外国人施策に関する基本指針」が取りまとめられた。さらに二〇一一年には「日系定住外国人施策に関する行動計画」を策定し、その中で、日本語が不自由な者が多い日系定住外国人を日本社会の一員としてしっかりと受け入れること、また社会から排除されないようにするため、日本語習得のための体制整備や生活の中で最低限必要な情報の正確かつ迅速な提供等の施策を各府省庁で展開することとしている。二〇一四年三月には、この行動計画の見直しが行われ、基本方針も合わせて一本化した「日系定住外国人施策の推進について」が策定されている。

また二〇一二年七月には、在住外国人の居住実態の把握を正確に行うため、外国人登録制度が廃止され、法務大臣が在留管理に必要な情報を継続的に把握する新たな在留管理制度が導入された。さらに、外国人住民について日本人と同様に、住民基本台帳法の適用対象に加える改正が行われた。

二〇一九年一一月に総務省は「多文化共生の推進に関する研究会」を開催した。この研究会では、二〇〇六年の「多文化共生推進プラン」について、在留外国人の大幅な増加等により、これまでの取り組みを振り返り、自治体の多文化共生のあり方を具体的に検討するとしている。二〇二〇年八月、検討結果は「多文化共生の推進に関する研究会報告書」として公表された。

以上、二〇〇五年以降の総務省を中心とする政府の一連の動きは多文化共生を全国の自治体に広めようとするものであり、一定の評価ができる。しかし、その前提には在留外国人が増え続けるという現象があり、それに対する対応としての側面が強い。すなわち人口減少への対応として外国人の増加を図るために多文化共生を目指すものではなく、増加する定住する外国人に対して地域社会としてどのように受け止めるべきかとの政策であったといえる。しかし、この時期にはすでに、全国各地では少子高齢化が深刻度を増し、人口減少が社会的な関心事となりつつあった。その事実を直視すれば、外国人住民の支援に留まらず、在留外国人の積極的な受け入れを自治体として図ることも視野に入れるべきではなかったかと考えられる。しかし、それが実現しなかったのは、「移民」が政治問題化し、政府全体として移民受け入れについての方針が決定されずにいることが最大の要因といえるだろう。

この報告書の提言内容は現在においても重要な指摘といえる。一方、定住化が進む中で、この提言で触れられていない労働の視点がより重要になっている。

## 「多文化共生推進プラン」への対応

総務省の二〇〇六年の「多文化共生推進プラン」策定の通知を受けて、各自治体ではその作成の着手が始まった。いくつかの自治体を取り上げてその内容について吟味してみよう。

## 岩手県

岩手県は二〇一五年三月に「岩手県多文化共生推進プラン改訂版」を策定した。これは二〇一〇年に策定した「岩手県多文化共生推進プラン」の計画期間（五年間）の満了に伴い、これまでの取り組みの成果や課題、社会情勢等の変化を踏まえ、新たに策定したものである。このプランに副題として「～わかり合い、高め合い、ともに築く共生の国いわて～」がつけられている。

このプランは、一章「岩手県多文化共生推進プラン改訂の背景等」、二章「本県における多文化共生の現状と課題等」、三章「目指す将来像（基本目標）」、四章「多文化共生に向けての主な施策の方向等」、五章「各主体の役割（県民が一体となった多文化共生社会の実現）」の全五章からなる。

一章の「岩手県多文化共生推進プラン改訂の背景等」では、岩手県では「いわて県民計画」の主要な政策の一つとして、「多様な文化の理解と交流」を設定し、その中で「地域における交流を通じた多文化の理解」「外国人県民等が暮らしやすい環境づくり」を掲げ、二〇一四年三月に策定した「いわてグローバル人材育成ビジョン」と整合性を図りながら総合的な目標や施策の方向を定めるものであるとしている。

「いわてグローバル人材育成ビジョン」は、東日本大震災によって岩手と海外との新たな繋がりが生まれたことを受けて、岩手と世界を繋ぎ、「自立と共生の担い手」となる、多様なグローバル人材を育成していくことが必要であるとし、その育成の具体的な事業として「いわてグローバルネットワーク人材育成事業」を実施するとしている。この事業では県内各地からの公募により選定した高校生一〇数名をアメリカに派遣している。

二章の「本県における多文化共生の現状と課題等」では二〇一三年一二月末現在の在留外国人数は五五〇五人であり、東日本大震災と津波の影響により一〇〇〇人近くの大幅な減少となったものの、その後は回復の傾向にあるとする。

三章の「目指す将来像（基本目標）」では、岩手県は「あらゆる生命を尊び共に生きる」という「東北復興平泉宣言」の理念を精神的支柱として復興を進めるとした上で、国籍や民族等の違いにかかわらず、日本人県民も外国人県民も地域社会を支える主体として共に生きることを目指す多文化共生推進の取り組みはますます意義深く、重要なものとなっていると指摘する。そして、世界との「繋がりの力」を実感した県民が一体となって、多文化共生社会の実現を目指して大きく前進していくべきだとしている。

四章の「多文化共生に向けての主な施策の方向等」では、言葉の壁の解消、安心した暮らしの構築と多文化共生の地域づくりの三本柱による政策を推進するとする。言葉の壁の解消では、日本語学習支援の充実や「やさしい日本語」による行政情報の提供が挙げられている。安心した暮らしの構築では、日本語学習支援の必要な児童・生徒について、県・市町村教育委員会、県・市町村国際交流協会、国際交流関係団体、大学等との連携により、小学校・中学校・高等学校における受け入れ体制の充実を推進することを挙げている。また外国人県民等に対して日本の習慣や住民としての義務、地域や生活に関するルール等について説明・周知することも列挙している。

一方、多文化共生の地域づくりは、主として対日本人住民向けで、多文化共生についての理解を深めるための啓発や、国際交流員などを活用し多文化共生の視点を取り入れた国際理解教育を推進することを掲げている。

最後の五章の「各主体の役割（県民が一体となった多文化共生社会の実現）」では、県は、多文化共生推進に係るプランを策定し、全県的視野から広域的な課題への対応、先導的な取り組みなどを推進するとともに、関係主体それぞれが連携して期待される役割を十分に担えるよう必要な支援を行うとし、それぞれの組織が果たすべき役割を列挙している。

さらに二〇二〇年四月に改訂された「岩手県多文化共生推進プラン（二〇二〇～二〇二四）」では、二〇一八年一二月末現在の在留外国人を国籍別に、中国の二七・一％が最も多く、次いでベトナム二二・三％、フィリピン一八・六％、韓国・朝鮮一一・八％、アメリカ三・四％の順となっていると述べた上で、近年では中国の構成割合が減少し、ベトナムが大きく増加している点を指摘している。在留資格別に見ると、技能実習四一・七％、永住者二六・〇％、特別永住者七・八％、日本人の配偶者等五・五％、留学五・二％などの順となる。この構成割合は全国値との比較で技能実習の占める割合が非常に高く、また、経年比較しても、技能実習が大きく増加傾向にあるとした上で、企業による技能実習制度の利用が進んでいることを理由に挙げている。また施策の方向として三つの政策の方向を掲げそれぞれ以下のような活動を列挙している。

施策の方向1　地域に貢献する人材の育成と定着

ア　地域の国際化に貢献する人材の育成

イ　産業の国際化に貢献する人材の育成・活用

ウ　外国人留学生等の定着
エ　多言語により地域で外国人県民等の生活を支える人材の育成
施策の方向２　共に生活できる地域づくり
ア　相談・情報提供体制の充実・強化
イ　防災・医療支援体制の構築支援
ウ　日本語学習の支援
エ　外国人県民等が活躍できる地域での場づくり
施策の方向３　多様な文化の理解促進
ア　外国人県民等である児童・生徒への対応
イ　多文化共生に関する啓発
ウ　交流機会・つながりづくり

以上のように改訂版では、支援者及び外国人自身の活躍を含む人材育成に力点が置かれ、さらに具体的な支援のあり方、また教育及び啓発活動に重点が置かれている。

**長野県**

長野県では二〇一四年四月、多文化共生の道標となる「多文化共生推進指針」の策定を目的に、学識経験者、ＮＰＯ等から構成される長野県多文化共生推進指針策定委員会を設置した。この委員会は二〇一四年度中に三回の会議を開催し、パブリックコメントを実施の上、長野県多文化共生推進指針を二〇一五年三月に策定した。

この指針の冒頭の「ごあいさつ」で阿部守一知事は「国籍や文化の違いを尊重し合い、誰もが参加し、協働して、多様性を活用した豊かな地域を創造」を基本目標に、外国籍県民を地域づくりにおいて積極的に捉え、多文化共生の意識づくり、次世代の育成、日本語学習の支援を重点的に推進すると述べている。

第一章「指針策定に当たって」に続く第二章「指針の背景」では、一九九〇年の入管法改正以降、日系ブラジル人が急増するなど、外国籍県民は二〇〇五年には四万四七二六人に達したが、県内景気の減退により、二〇一四年一二月末には外国人住民数は二万九七八九人まで減少したとする一方で、在留資格の「永住者（一般永住者）」が全体の約四割を占めるなど、外国籍県民の定住化が進む変化が起こっているとしている。また在住外国人を巡る課題については、教育、日本語、労働、医療・社会保障、防災を取り上げ、個々の課題を整理するとともに、外国籍県民が日本で生活していくために必要なコミュニケーションや生活支援を継続して行う必要があるとする。さらに、外国籍県民の人権を守るとともに、外国人の存在がもたらす多様性を活用することにより、新たな地域の創造を推進していく必要があることを強調している。

第三章「多文化共生社会の実現に向けて」では、基本目標として「国籍や文化の違いを尊重し合い、誰もが参加し、協働して、多様性を活用した豊かな地域を創造します」と掲げ、（一）多様性を活かした地域の創造（二）誰もが参加し、協働する地域の創造（三）誰もが暮らしやすい地域の創造、の三つの施策目標を掲げている。最後に推進体制と役割分担を掲げ、国、県、市町村、国際交流協会等の団体、事業者、教育機関は、それぞれの役割を踏まえ、連携して多文化共生の実現に努めるとしている。

六年後の二〇二〇年三月に策定された「長野県多文化共生推進指針二〇二〇」では、前指針が主に外国人への生活支援であったことに対して、「外国人への生活支援を基礎としつつ、外国人と共に学び、共に活躍できる地域を創る」ことを新指針としている。また施策目標として以下の三つを挙げている。より具体的な対応が列挙され、内容の充実がうかがえる。

施策目標1．多様性を活かした持続可能な地域づくり

多文化共生モデル地域からの情報発信、多文化共生意識の浸透、外国人に関する人権教育や啓発、支援や交流のために活動するボランティアの確保など九つの施策が取り上げられている。

施策目標2．学びとコミュニケーションによる地域づくり

外国人児童生徒等の日本語教育の充実、不就学を防ぐ取組、就学機会の確保、就学・進学・就職への支援、多文化共生の視点に立った教育の充実、地域における日本語教育の支援、地域における日本語教育の担い手の養成等一〇施策、外国ルーツ児童生徒の教育と日本語教育がテーマとして取り上げられている。

施策目標3．誰もが暮らしやすい地域づくり

多言語化の推進、翻訳・通訳者の紹介、派遣、就労のための日本語学習の支援、医療受診体

制づくりの促進など、言語面での支援に加え就労や医療面での課題解決のための一二の施策が取り上げられている。

**京丹後市**

京都府京丹後市では多文化共生に関して二〇一四年一〇月に市民三二〇〇人を対象にアンケートを実施し、一二七三人（三九・八％）からの回答を得た。

まず外国人との付き合いの有無については、外国人との付き合いが「ある」人は一六・三％、「ない」人は八〇・〇％という結果となった。外国人との付き合いがある場面としては、「職場や仕事の関係」が四〇・九％で最も多く、次いで「友達付き合い」が二二・一％となっている。その他、「近所付き合い」が一八・八％、「学校の関係」が一七・三％と、身近な場面が挙げられている。

また、外国人と付き合う上で、日本語を使っている人の割合は八八・五％となっているが、日本語以外の言語では、英語が二八・四％と最も多く使われている。

外国人が増えることによる影響（複数回答）では、「外国の言葉や文化に触れる機会が増える」と回答した人が五四・二％と最も多く、次いで、「社会に多様性が生まれる」が四二・〇％、「治安が悪くなる」が三八・一％、「人口や労働力が増える」が二五・五％と続く。全体の回答数のうち、否定的に捉える回答が三二・九％に対し、肯定的に捉えている回答は五九・八％と、肯定的に捉えている人の方が多い。

外国人と付き合うにあたり、「壁となっていると感じること」（複数回答）としては、「言葉のちがい」が七六・七％を占め、最も高く、次いで「文化・生活習慣などのちがい」が五一・一％、「物の考え方・価値観のちがい」が四二・八％となっている。また、「外国人と付き合う機会が少ない」という回答も四五・〇％と、高い比率となっている。

「外国の言語や文化を学び外国人の背景を理解する方がよい」という意見について、「そう思う」及び「どちらかといえばそう思う」をあわせて六七・八％となる。

京丹後市では以上のアンケート結果を前提として、二〇一五年三月に「京丹後市多文化共生推進プラン」を策定した。このプランは四章からなる。

第一章の「基本的な考え方」では、「日本で生活する外国人を、支援の対象として捉えるのではなく、外国人も〝地域の担い手〟となり、今後も地域の維持・発展に向けて、活躍できる環境を整えていくことが必要となっています」とし、彼らの地域の一員として貢献をする存在として認識している。また特徴的なのは、同市が外国人観光客誘致に向けた「インバウンド推進事業」を進めているとし、外国人観光客の増加に対応するまちづくりを行うにあたり、外国人の視点で、本市の魅力を発信していくことや外国人観光客に対応できる地域づくりを行うことが必要としている。

第二章の「京丹後市の現状と課題・今後の展望」では、京丹後市に在住する外国人の約七〇％が、「永住者」「定住者」等の在留資格を持っており、労働者かつ納税者であるとして、外国人の存在の重要性を指摘している。さらに「外国人の視点を加えることで、地域産業の活性化にも繋がることが期待される」とその重要性を強調している。

第三章の「基本計画」では、四つの目標を定める。目標Ⅰは、「安心して生活ができるまち」であり、目標Ⅱは「言葉の壁を乗り越えるまち」である。目標Ⅲは「フレンドシップを育むまち」として、市民の間に、多様な価値観を育みながら、互いに認め合える社会をつくるために、多文化共生・国際理解に対する理解を深めるため、多様な文化に触れる機会の充実に努めるとしている。さらに国籍にかかわらず、まちづくりの担い手となる人材の発掘・育成を進め、持続的に多文化共生のまちづくりができるように努めるとする。

目標Ⅳには「国際色豊かでにぎわうまち」を挙げている。同市を訪れる外国人観光客に対して、市の魅力を伝えるために、市内の観光サインやパンフレット等の多言語化を図ると同時に、多言語対応できるガイドの育成に努めるとし、外国人市民に市の魅力を知ってもらえるような機会や場を提供し、外国人市民による海外への情報発信の取り組みを進めることを挙げている。

第四章の「基本方針と施策・推進体制」では、具体的な実施施策ごとに行政、関連団体などの推進主体を明示し、検討及び実施年度を明らかにすることで、施策の実現性を高める記述がなされている。京丹後市の特徴は、外国人の存在を地域社会に貢献する人材であることを強調するとともに、外国人観光客に対応できる地域づくりを目指している点に特色があるといえよう。

さて、京丹後市では、二〇一八年に「第二次多文化共生プラン」、二〇二二年度に「第三次京丹後市多文化共生推進プラン」を策定した。

「第三次京丹後市多文化共生推進プラン」では、「基本理念」や「目標」を継承しながら、各種施策の市内浸透度を図るための〝指標目標〟を新たに掲げることで各分野での達成度を確認するものとなっている。このプランには外国人市民及び日本人市民へのアンケート結果が記載されている。

外国人市民へのアンケートは二〇二二年八月九月に実施された。在留資格で最も多いのは永住者で次いで技能実習となっている。仕事については、九四・九%が「している」と回答し、職種については、「金属加工・製造」が一番多く、次いで、「宿泊・飲食」であり、また自動車の運転免許についての問いには「持っている」との回答が多い。また「日本人と交流したいか」という問いには、九七・四%とほとんどの外国人市民が交流を望んでいることが明らかになった。

一方、日本人市民アンケートでは、外国人との関わりについては、五一・二%が「ある」と回答している。年代別に見ると、一〇代から六〇代までの半数以上が「関わったことがある」と回答しており、年代が下がるごとにその割合が増えている。外国人が増えることによる影響として、「社会に多様性が生まれる」六三・二%、「人口や労働力が増える」四一・〇%がトップ二を占め、「地域経済が活性化する」は四番目で二五・〇%であった。一方、「トラブルが増える」との回答は三番目に多く二七・六%であった。外国人と交流したい内容については、「外国人から出身国の文化や風習を学びたい」「外国人に日本の文化や風習を紹介したい」と相互の文化交流を望む意見が多くあった。

### 安芸高田市

人口三万を擁する広島県の山間の町、安芸高田市では二〇一三年三月に「多文化共生推進プラン」を策定している。このプランは他の自治体と比して極めて特徴的な点がある。それは市の将来の人口減少を強く意識して、在留外国人の重要性とその役割に対する高い期待が述べられている点である。

当時の浜田一義市長は「はじめに」で、将来、安芸高田市は他の地域と同様に深刻な担い手不足に直面すると述べ、新しい安芸高田を創造するために、外国人市民と日本人市民が手を携えて、この困難にチャレンジしていくことが「あらたな多文化共生の時代」になることを確信すると述べている。

このプランは、第一章「用語の定義」、第二章「安芸高田市多文化共生推進プランの考え方」、第三章「安芸高田市の現状と課題」、第四章「安芸高田市多文化共生推進プランの内容及び具体的事業」という全四章からなる。

第二章「プランの考え方」では、基本理念として「外国人市民と日本人市民が互いに違いを認め合い支え合うまちづくり」を挙げている。これまで外国人市民が市のまちづくりに参画できる環境が整っていなかったことを認めた上で、「大切な地域の一員として、日本人市民とともに能力を発揮することが必要」と指摘する。そして、市民としての義務を果たすとともに「基本的人権が尊重された一市民として、地域で安心して暮らせるために、さまざまな支援事業や環境整備に関する事業を定めること」がこのプランの目的であるとする。

第三章「安芸高田市の現状と課題」では、安芸高田市に居住する外国人の特徴を記述した後、二〇一〇年度に人権多文化共生推進室を設置し、本格的に多文化共生に取り組み始めたこと、翌年度には多文化共生推進員、多文化共生翻訳・通訳員を配置し、三言語による生活ガイドブックの作成を行ったことなどを述べている。なお市の広報誌でも多文化共生の特集を組み、多文化共生社会の推進に関する報告書の作成などを実施してきている。

またこの章では、外国人市民が日本語の能力不足のために、日本の文化、習慣について理解が不足していること、不安定な就労状況に置かれている人たちが多いこと、そうしたことのために、経済的な問題や教育問題があり、日本社会と相互理解を深めにくいさまざまな要因があることを日本人も理解する必要性を説くなど、日本人も外国人も相互に理解を深める努力を求めている。

事業としては「心の壁」を取り除くための事業として、食の交流や相互の文化の交流を図ること、そのための交流拠点の整備、ボランティア人材を確保するための人材バンク制度の樹立などを述べている。

第四章「安芸高田市多文化共生推進プランの内容及び具体的事業」では、具体的な事業を体系的に整理した上で、行政、企業、市民それぞれの役割を示している。また地域振興会（自治会）の存在の重要性も指摘し、現在は必ずしも外国人が加入しやすいとはいえないが、今後、時間をかけて加入を促進する必要性を記している。

安芸高田市の多文化共生推進プランはすべてフリガナが振ってあり、また内容も外国人にとっても読みやすいように工夫されている。今後の人口減少について危機感を持って考え、多文化共生と人口対策を直接的に結びつけようとする市の姿勢がうかがえる。

安芸高田市では二〇一八年、「第二次多文化共生推進プラン」を策定した。このプランでは、これまでの成果を踏まえ、外国人市民の地域での活躍や市外からの移住、定住を促す内容となっている。プランは「一．安心・安全に暮らし活躍できる地域づくり」と「二．移住・定住したくなる魅力的な地域づくり」の二つの大項目からなるが、後者に同市のプランの特徴がある。

「国内外からの定住外国人人材確保」では、広島県外国人起業支援滞在許可特区制度などを活用し、国外に住み、日本国内で起業を考えている外国人に対し安芸高田市での起業を誘致できる体制づくりの取り組みを進めるとしている。また特定の国や地域と連携して安芸高田市への誘致を図り、外国人による安芸高田市内での起業の促進を謳っている。「外国人雇用促進体制づくり」では、人手不足、労働確保の課題があり、技能実習生では補えない後継者不足について危機感があるため外国人雇用の必要性実態調査分析を行うとしている。

専門性のある学校の誘致等の調査が必要であるとし、また市内の高校と連携して留学生の受け入れを行い、さらに他の国とパートナーシップを結び、人材交流を通して定着を図るとする。さらに難民の第三国定住定住希望者の受け入れの検討を行うとしている。

京丹後市、安芸高田市の両方とも、外国人の受け入れでは先進的な市といえるが、京丹後市では地位住民の声を反映させながら、外国人との交流に力点が置かれ、一方、安芸高田市では人口減少についての危機感をもとに、難民の受け入れまでもを含めて外国人の定住化の真摯な検討の姿勢が示されている。今後、多くの自治体がこうした例に倣っていく可能性があると考えられる。

## 自治体は外国人をどう考えているのか

筆者の所属する日本国際交流センターでは、「自治体における外国人住民関連施策に関するアンケート調査」を二〇二一年七月一二日から九月二七日にかけて全国の自治体を対象に実施した。外国人人口五〇人未満の自治体を除く全国の自治体一四四一団体（広域自治体：四七、基礎自治体：一三九四）に調査票を配布・回収し、有効回収数は八七五件、有効回収率は六〇・七％となった。

外国人住民との共生等に関する指針・計画の策定状況については、六割の自治体が策定していた。一方、そのうち多文化共生の指針・計画を単独で策定している自治体は一三・八％に留まっている。

策定の背景については、「外国人住民が増加しているから」（三九五自治体、六七・一％）が最も多く、次いで「国際交流を通じた地域の国際化を促進するため」（三五〇自治体、五九・四％）となった。一方、「地域のイメージアップ」（二二自治体、三・七％）、「ビジネスの活性化と地域の国際競争力の強化」（三八自治体、六・五％）は少数に留まり、地域社会・経済の活性化、魅力の向上などに結びつける姿勢は少ない傾向にある。

外国人住民との共生が進むことによる地域への効果については「多言語・多文化を学ぶきっかけになる」（六一四自治体、七〇・六％）が最も多く、「地域住民の国際感覚の醸成につながる」（五七八自治体、六六・七％）が続き、外国人との共生を地域社会の国際化として捉えている傾向が強い。また「民間事業所での人手不足の解消につながる」（五五八自治体、六四・四％）に比べて、彼らのより積極的な活用につながる「職場の活性化や生産性向上のよい機会となる」（二三六自治体、二七・三％）、「起業などにより新たな産業・雇用の創出につながる」（一六三自治体、一八・八％）は相対的に少なく、外国人住民との共生を地域経済の活性化や産業構造の転換など積極的に捉える観点は少ない傾向が見られた。

地域における外国人住民の人材としての重要度について、技能実習生を人材として「かなり重要である」と回答した自治体が最も多く（二七八自治体、三六・九％）、高度なスキル・知識を持つ専門人材（二四八自治体、三五・七％）、特定技能（二二七自治体、三二・七％）が続き、生産工程・現場作業に従事する外国人に対するニーズが高いことが推察される結果となった。

# 第三章

# 政府の実質的な移民政策への方向転換

地域社会では多文化共生によって在留外国人の支援を中心とした活動が行われてきた。一方、政府は定住化が進展しているにもかかわらず、定住を想定した外国人への対応を長らく行ってこなかった。しかし、二〇一九年の入管法の改正以降、政府の対応には大きな変化が見られる。これは人口減少と労働力不足の課題が年を増すごとに深刻化する状況の中で、「移民政策をとらない」としている政府の政策が実質的には大きく変化してきたことを意味する。

従来、政府は大学卒以上の高度人材については門戸を広げながら、ブルーカラーの労働者の受け入れを認めず、その代わりに研修を名目的な目的とする技能実習制度で、実質的なブルーカラーの労働者を受け入れてきた。しかし、その矛盾が拡大したことから、二〇一九年の入管法の改正により、ブルーカラーの分野で初めて、労働者として外国人材を受け入れる特定技能の在留資格が創設された。

さらに二〇二二年一一月には、政府は「技能実習制度及び特定技能制度の在り方に関する有識者会議」の設置を決定した。二〇二三年五月の中間報告では、現行の技能実習制度は廃止して人材確保と人材育成（未熟練労働者を一定の専門性や技能を有するレベルまで育成）を目的とする新たな制度の創設の検討が謳われた。また特定技能制度は制度の適正化を図り、引き続き活用する方向で検討し、新たな制度との関係性、指導監督体制や支援体制の整備などを引き続き議論することになった。二〇二三年一一月には最終報告が提出され、技能実習制度の廃止と育成就労制度の新設が提言された。この大方針転換の先駆けとなったのは二〇一九年の入管法の改正である。

## 二〇一九年入管法改正

少子高齢化が進展する中で日本の人手不足はますます厳しくなってきた。外国人労働者の必要性から、政府は「骨太の方針二〇一八」の中で「新たな外国人材の受入れ」という項目をつくり、就労を目的とした新たな在留資格の創設が位置づけられた。骨太の方針二〇一八では「従来の専門的・技術的分野における外国人材に限定せず、一定の専門性・技能を有し即戦力となる外国人材を幅広く受け入れていく仕組みを構築する必要がある。このため、真に必要な分野に着目し、移民政策とは異なるものとして、外国人材の受け入れを拡大するため、新たな在留資格を創設する」との文言が盛り込まれ、閣議決定された。これが二〇一八年末の国会で論争の的となった在留資格「特定技能」である。

二〇一八年一一月、政府は入管法及び法務省設置法の改正法案を提出した。野党側は技能実習制度でのさまざまな問題の解決なしに新制度をつくることに反対し、一方、特定技能制度はブルーカラーの外国人労働者の定住化の可能性を持つものであることから、一部の自民党議員から移民政策に当たるとの反対の意見が出され議論は紛糾した。

二〇一八年一二月八日、国会での激しい論争の末、特定技能の新在留資格が成立した。

特定技能制度は一号と二号からなる。特定技能一号は「相当程度の知識又は経験を必要とする技能を要する業務に従事する活動」であり、二号は「熟練した技能を要する業務に従事する活動」と位置づけられている。この二号については「滞在中に高い専門性を有すると認められた者について、在留期間の上限が無く、家族帯同を認める」とされた。

特定技能はブルーカラーの外国人労働者に定住の道を開いたことは画期的といえるが、従来の技能実習制度は温存された。その結果、企業にとって二つの選択が生まれることになった。多くの企業が研修ではなく労働目的で技能実習生を受け入れていたことを考えれば、技能実習制度は限りなく縮小し、本来、特定技能が代替するべきと考えられる。

しかし、企業にとって、特定技能は労働者として長く企業に働く人材となるメリットがある一方、転籍が不可の技能実習制度に比べて、人材が他企業に流出するリスクがある。コロナ禍の影響もあり、当初、技能実習制度に比べて特定技能の人材を受け入れる企業は限定的であった。

またさらなる矛盾は、技能実習生はその終了後、特定技能へ移ることが可能になったことである。技能実習生は本来、日本で得た技術を母国で活かしてこそ、その制度の意味があるが、それが日本で働くことを目的とする特定技能に連結する制度ができたことは矛盾といえる。そうしたことが二〇二二年の「技能実習制度及び特定技能制度の在り方に関する有識者会議」設置の背景にある。

この特定技能の創設と同時に「出入国在留管理庁」が設置されることになった。出入国在留管理庁には在留支援課が設置され、定住する外国人への支援が開始された。また東京には外国人在留支援センター（ＦＲＥＳＣ／フレスク）が新たに設置された。

## 総合的対応策とロードマップ

政府において同時に実施されたのが「外国人材の受入れ・共生のための総合的対応策」の策定である。これまでの在留外国人は一時的な滞在者との想定が改められ、外国人を日本での「生活者」として、各省の取り組みが本格的に始められた。この取り組みは改正が続けられており、二〇二三年の改定では二一七施策に上る。

総合的対応策は五つの大項目からなり、1．円滑なコミュニケーションと社会参加のための日本語教育等の取組、2．外国人に対する情報発信・外国人向けの相談体制の強化、3．ライフステージ・ライフサイクルに応じた支援、4．外国人材の円滑かつ適正な受入れ、5．共生社会の基盤整備に向けた取組となっている。それぞれの主な項目は以下となっている。

1．円滑なコミュニケーションと社会参加のための日本語教育等の取組
・日本語教育を強化するための総合的な体制づくりの推進
・生活場面に応じた日本語を学習できるＩＣＴ教材の開発・提供等
・地方公共団体への生活オリエンテーションに係る地方財政措置の周知による、外国人の社会へのスムーズな定着の支援

2．外国人に対する情報発信・外国人向けの相談体制の強化
・外国人受入環境整備交付金の見直し等の地方公共団体における一元的相談窓口の設置を促進する方策の検討
・ＦＲＥＳＣ／フレスクにおける効果的・効率的な外国人の受入れ環境整備のための支援、外国人支援を行う地域の関係機関による合同相談会の実施等
・相談窓口の実情を踏まえた相談体制の整備・充実の検討及び検討結果を踏まえた整備

3．ライフステージ・ライフサイクルに応じた支援

・子育て中の親子同士の交流、子育て中の不安・悩みを相談できる場の提供等を行う地域子育て支援拠点事業の実施の支援
・外国人雇用サービスセンター等における留学生を対象とした支援
・外国人に対する年金制度に関する周知・広報の継続と充実の検討
4．外国人材の円滑かつ適正な受入れ
・特定技能外国人のマッチング支援策
・悪質な仲介事業者等の排除
・海外における日本語教育基盤の充実
5．共生社会の基盤整備に向けた取組
・「外国人との共生に係る啓発月間（仮称）」の創設、各種啓発イベントの実施
・民間支援団体等が行う外国人に対するアウトリーチ支援の取組を支援するための試行事業の実施等による情報発信等の充実、強化
・外国人に関する共生施策の企画・立案に資する情報の搭載の在り方の検討及び搭載する情報等の収集

以上のような点は従来、政府が在留外国人に対する支援が手薄であったことを考えると大きな進歩といえるだろう。その一方、ライフステージ・ライフサイクルに応じた支援についてみれば、出生から逝去まで人生のさまざまな段階に対応した施策については空白が大きく、今後、さまざまなライフ

ステージに応じた対応が必要であるといえるだろう。

二〇二二年六月には「外国人との共生社会の実現に向けたロードマップ」が策定された。このロードマップの目的として、我が国が目指すべき外国人との共生社会のビジョン、それを実現するために取り組むべき中長期的な課題及び具体的施策を示すとしている。二〇二三年度には有識者会議の意見をもとに工程表の見直しを行い、一部改訂された。

このロードマップでは、目指すべき外国人との共生社会のビジョンを示している。それは全ての人が安全に安心して暮らせる社会、多様性に富んだ活力ある社会、個人の尊厳と人権を尊重した社会となっている。また以下を四つの重点事項としている。

1　円滑なコミュニケーションと社会参加のための日本語教育等の取組
2　外国人に対する情報発信・外国人向けの相談体制の強化
3　ライフステージ・ライフサイクルに応じた支援
4　共生社会の基盤整備に向けた取組

以上は外国人材の受け入れ・共生のための総合的対応策と対応しているが、ロードマップの議論をもとに総合的対応策の具体的な事業に繋がっている。こうした方針は外国人を定住する存在として考えており、日本が実質的に移民を受け入れるための方針転換といえる。すでに実質的な移民政策は始まっているのである。

## 先を行く日本語教育

日本語教育については、二〇一九年六月二八日に日本語教育推進法が公布、施行された。同法は多様な文化を尊重した活力ある共生社会の実現・諸外国との交流の促進並びに友好関係の維持発展に寄与することを目的としている。外国人等に対し、その希望、置かれている状況及び能力に応じた日本語教育を受ける機会の最大限の確保等を基本理念としており、国の責務、地方公共団体の責務、事業主の責務が記され、また連携の強化、法制上、財政上の措置等が記されている。

これをもとに文化庁は「生活者としての外国人」のための日本語教室空白地域解消推進事業として地域日本語教育スタートアッププログラム等を行ってきた。さらに、二〇二三年二月には、日本語教師の資格や日本語教育機関の質を担保するための新たな制度についての法案が閣議決定され、同年五月には日本語教育機関認定法が可決・成立した。

この日本語教育機関認定法では、日本語教育機関で日本語を教える教員の資質・能力を確認し、日本語教育の質の向上を図るために国家資格として登録日本語教員の制度を決めた。この資格を得るためには経過措置はあるものの原則として試験を受け合格することが必要となる。また日本語教師を養成する機関として、登録日本語教員養成機関の制度、また日本語教師が勤める日本語学校を認定する日本語教育機関の認定制度が決定された。つまり「日本語教師」「日本語教育機関」「日本語教師養成機関」を一括して政府が管理する体制となったのである。この制度は二〇二四年四月から施行されることになり、日本語教育は二〇二四年度以降、文化庁から文部科学省に職務が移管されより強力な体制での推進が期待される。

また文化庁では二〇二二年一一月に「地域における日本語教育の在り方について」と題する報告書を発表した。この報告書は以下の三点において画期的なものといえる。一つは市町村を含む地方公共団体に日本語教育の推進に関する基本方針の策定を求めたことである。従来、都道府県や政令指定都市においては策定される例が多かったが、すべての市町村を対象としている。二つ目に、外国人に対して教えるべき日本語教育プログラムについて、ドイツなど移民受け入れ国並みの高い水準であるCEFR（外国語の運用能力を評価するグローバルスタンダードな指標）のB1レベル（学習時間として三五〇～五二〇時間程度を想定）とした。三つ目に、企業等が雇用する外国人の日本語教育に積極的に関与することを求めている。

このように政府の事業の多くは外国人の定住化を想定した事業へと変わってきているが、さらに先を行く、外国人を地域社会に呼び寄せ定着させることを政府主導で行った事業もある。移民の斡旋を政府主導で行ったとも考えられるのが、厚生労働省が二〇二〇年度から二〇二二年度まで実施した「地域外国人材受入れ・定着モデル事業」である。この事業は外国人材の受け入れ側として北海道、群馬県、福井県、岐阜県、鹿児島県で実施され、介護施設を中心に一三〇の事業所の申し込みがあった。

コロナ禍と重なったため、事業は困難に直面し、すでに特定技能の試験に合格している者が多いインドネシア、ネパールでの人材募集の検討を始め、二〇二〇年一二月から両国で人材募集を実施した。厚労省から委託を受けた企業が地元の受け入れ企業との候補者とのマッチング、面談斡旋等を行い、介護者を中心に三九〇名の外国人材が日本の各地域で働くこととなった。六か月後の定着率は九九・二%と極めて高く、今回のように政府の意向を受けた責任ある仲介者が介在することで安定した定住が図られることが明らかになった。逆にいえば営利企業に依存する技能実習制度の課題が明らかになったとも考えられる。

この定着モデル事業では今後外国人材の受け入れを予定している企業や現在雇用している企業向けに、「募集」「受入れ」「就労中」の段階で、求められる外国人材の職場・地域への定着に向けた適切な対応や好事例などをまとめたマニュアルまでも作成されている。

このマニュアルを見ると、〝異文化理解〟を軸とした受け入れ準備、外国人と働くための心構えと正しい知識、面接内容の工夫、受け入れ準備の計画の立案、就業環境の準備と整備、生活環境の準備と整備など細かな手順が示されている。外国人の定住化に向けて政府の取り組みが着々と進められていることが以上からもうかがえる。

# 第四章

# 草の根の経験
## ——外国人受け入れの現場から

本章では各地域で外国人受け入れに携わるNPO関係者、自治体職員らの肉声を伝える。多文化共生について政府に先駆けて自治体が先行しているとすれば、NPOはさらに自治体に先駆けて現場での取り組みを進めてきた。本書に登場いただくNPO、自治体の人々の活動の先進性には目を見張るべきものがある。地域社会において多文化共生や外国人の受け入れ、活躍を進める上で、NPOの役割は極めて重要であり、自治体はNPOを対等なパートナーとして認識する必要がある。

従来、日本の外国人の受け入れの対応は政府の明確な方針のない中で現場を持つ自治体やNPOが主導的に行ってきた。政府も日本社会も、在留外国人は短期的な滞在者であり、日本語が不自由なのがあたりまえとの認識の中で、社会や経済の活性化のリソース、潜在力を持つ人々として位置づけてこなかった。

一方、近年、地方の人口減少、人手不足は深刻化し、地域社会にとって在留外国人の存在はますます重要になっている。在留外国人の受け入れ如何が人口減少に苦しむ地方の未来に直結するテーマになりつつあるといえる。

こうした問題認識の中で、筆者が所属する（公財）日本国際交流センター（以下、JCIE）ではトヨタ財団の助成を受けて「共生の未来全国連携事業」を二〇二二年から実施している。この事業は二〇一八年からJCIEが実施してきた「外国人材の受入れに関する円卓会議」（以下、「円卓会議」）の経験がもとになっている。「円卓会議」は、外国人の受け入れが日本の未来を左右する大きなテーマであると考え、中長期の立場から日本としての外国人の受け入れのあり方を議論する場として発足した。与野党の国会議員、市長、経済団体の代表、学者、NPO、外国人コミュニティの代表者ら、多様なセクターの代表者が共通の問題認識の下に集まり、議論し、提言する場として機能してきた。

ＪＣＩＥではその経験をもとに、地域社会でも同様のプラットフォームの構築が有益であると考えた。そこで、各地域の多文化共生の活動のリーダーと連携を深め、そうしたプラットフォームづくりについて議論を行うとともにその創設に向けて、各地域で「円卓会議」と連携したシンポジウムの開催を計画し実施した。

各地域では多文化共生に関して一定のネットワーク（プラットフォーム）がすでに生まれているが、従来のプラットフォームの枠を超えて経済界やメディア等、地域の主軸となる人々が参画し地域の未来を考える地域を巻き込んだ活動となること、またそうした各地の活動と「円卓会議」が連携した活動が行われることを期待している。二〇二三年一二月、二四年一月、三月に、富山県、三重県、長野県で、各地域のＮＰＯとＪＣＩＥ等が主催する外国人受け入れの新たな時代をテーマとするシンポジウムが開催される。各シンポジウムには、従来、繋がりの薄かった企業や経済団体が参画し、各地域で知事、市長らも参加する。人口減少下での外国人の本格的な受け入れのあり方が議論されることになる。

本章で登場していただく方々の多くは「共生の未来全国連携事業」の参画者であり、地域の未来を志向しながら多文化共生の現場で活躍されている。多くの課題が積み残されている一方、ＮＰＯ、自治体による地域で始まっている未来志向の動きをくみ取っていただきたい。（毛受）

# 地域で育む多文化共生――新宿区の取り組みを通して

郭　潔蓉（東京未来大学　教授）

新宿区は、今も昔も多くの外国人が去来し、自他共に認める多様性豊かな町である。特に近年では、その多様性と地域の多文化共生政策に多大な関心が集まっている。本稿では、新宿区の多様性の現況を統計的な側面から浮き彫りにし、同区において日本人住民と外国人住民の共生をどのように醸成してきたのか、地域の取り組みを通して探求してみたい。

## 1　新宿区における外国人住民の概況と特徴

新宿区の直近の外国人住民は四万二二一四人(1)、新宿区民に占めるその割合は実に一二・一%に上る。新宿区は、全国の市区町村単位においても、常に外国人住民の数と町の総人口に占める外国人比率の首位を争う自治体である。

ここ三〇年余りの新宿区の住民基本台帳に基づく人口の推移をみると、外国人住民の数は増加の一途を辿っており、一九九〇年時点では僅か五・四%であった外国人比率も二〇〇八年時点では二桁台

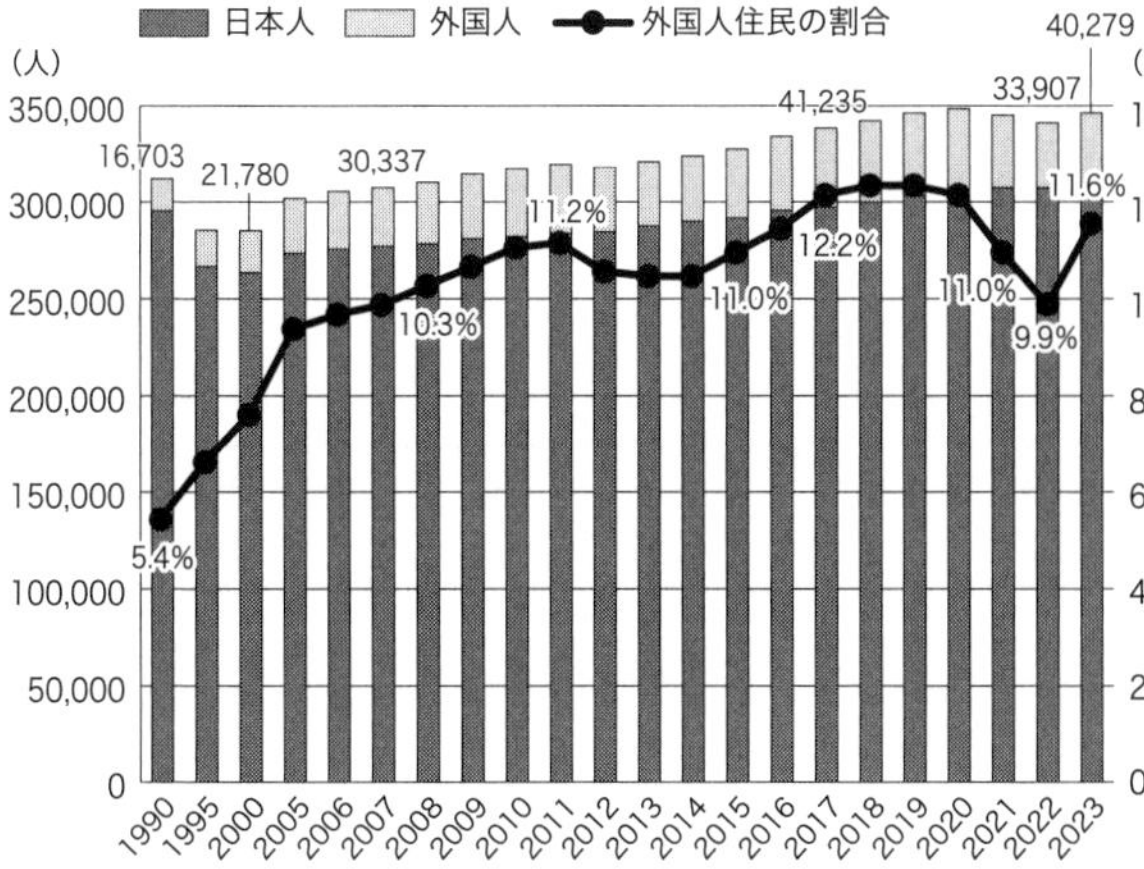


**図1　新宿区における人口（日本人・外国人）と外国人比率の推移**

日本人住民：「住民基本台帳」（新宿区）、外国人住民：2012年まで「外国人登録」、2013年より「住民基本台帳」（新宿区）のデータを基に筆者作成

に上り、二〇一一年は過去最高の一一・二％を記録した。しかしながら、未曽有の被害をもたらした東日本大震災の発生により、多くの外国人住民が帰国したことから初めて減少に転じ、しばらくその割合は一〇％台を推移した。

二〇一五年に外国人比率が再び一一％台に回復してからは、急速に外国人住民が増加するようになり、二年後の二〇一七年には一二％台に到達し、新型コロナウイルスが発生するまでは一二・四％を維持し続けた。しかし、コロナウイルスの感染が本格的に拡大した二〇二〇年以降は、世界的に人流が制限されたことも影響し、二〇二二年には九・九％と一五年ぶりの一桁台となった。コロナ終息後、再び多くの外国人が新宿区に流入するようになり、現況に至っている（図1参照）。

新宿区の多文化共生施策が注目をされるのは、多様性を育んできた地域の歴史的な特質性にある。一つは、戦前より多文化共生を育む文化的土壌が存在していた点である。新宿区は、大久保地区などに集住し、一九八〇年代あたりから新たに急増した「ニューカマー」と呼ばれる外国人住民の存在がクローズアップされることが多いが、実際には戦前から居住する「オールドカマー」も新宿区の多様性の一翼を担う重要な存在であることを忘れてはならない。また、新宿区は、戦前よりインド独立の運動家であるラス・ビハリ・ボースや辛亥革命で知られる中華民国の革命家の孫文を庇護した支援者たちが存在した地であり、ギリシャ出身の文学者の小泉八雲が妻とともに晩年を過ごした地としても知られている。加えて、戦前から海外の文化人が集うサロンなどが開催されていた背景からも、多文化を育む文化的土壌が備わっている土地柄であることが窺える。それゆえ、現在においても多くの外国人を惹きつけて止まない町であり、その魅力が新たな外国人住民の増加につながっているといえる。

もう一つの特徴として、外国人住民の転出入が非常に流動的であることが挙げられる。新宿区は、大学や専門学校等の高等教育機関や日本語学校が数多く点在している地区であり、区内の外国人住民の大きな割合を占めているのが「留学生」であることが特徴的である。そのため、これらの学校の入学や卒業といった節目に転入出が繰り返されることから、長く定住する外国人住民がいる一方で、若年層の外国人住民の流動性が非常に高いことが特徴的である。

従って、新宿区における多文化共生事業は、新旧の外国人住民のニーズに応え、高い流動性にも対応した取り組みが必要となってくる。

## 2 新宿区における多文化共生の取り組み

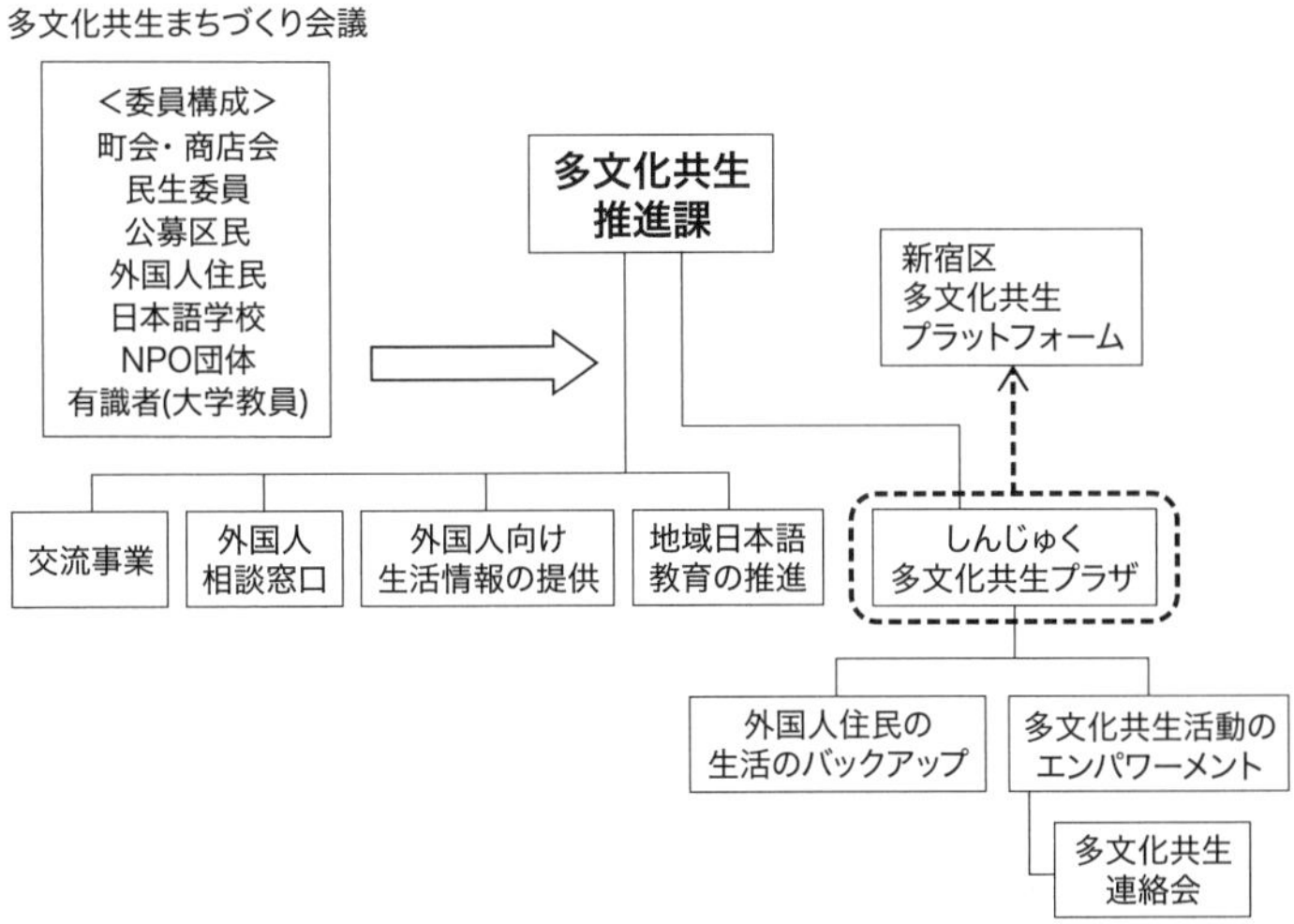


**図２　新宿区における多文化共生の取り組み**

筆者作成

新宿区における多文化共生の取り組みの図式化を試みてみた（図２参照）。

新宿区において多文化共生事業の根幹を支えているのが「多文化共生推進課」である。同課は、地域の多文化共生を推進すべく、大きく分けて四つの柱を基に事業を営んでいる。一つ目が外国人住民との「交流事業」の実施と推進、二つ目が多言語で実施している「外国人相談窓口」の運営、三つ目が自治体のＨＰや冊子等を媒体としての「外国人向け生活情報の提供」、そして四つ目が「地域日本語教育の推進」[2]である。

多文化共生推進課には、四つの柱となる事業のほかに「しんじゅく多文化共生プラザ」（以下、「多文化共生プラザ」という）と称する多文化共生プラットフォームを有している。多文化共生プラザは、区内に在住する日本人と外国人が交流し、互いの文化や習慣、歴史などの理解を深めるための場として二〇〇五年九月一日に設置された施設である。主な事業としては、区内の外国人住民の生活のバックアップと区内の多文化共生活動のエンパワーメントを行っている。

生活のバックアップに関しては、区役所本庁舎が行っている新宿区の多文化共生事業の四つの柱を共に実施している「多目的スペース」や「フリースペース」といった外国人と日本人の交流の場を提供している。前者の多目的スペースは、日本語教室や多文化共生をテーマとした講座の開催などに活用されており、後者のフリースペースは、外国人住民の個人学習や多文化交流の場として利用されている。また、多文化共生プラザには「資料・情報コーナー」があり、新宿区で生活を営む外国人住民向けに「生活情報」の提供を行っている。『新宿生活スタートブック』をはじめ、生活全般に関わる情報や国民健康保険の案内、感染症の注意喚起などの「健康・保健」に関する情報、ゴミの分別方法や騒音への注意などの「生活マナー」に関する情報、新宿区の地域センター、区役所・出張所、スポーツ施設、図書館などの「公共施設の案内」などといった区内における生活情報の全般を提供している。特にこれらの情報をできるだけ多言語化して提供をしているのが新宿区の大きな特徴でもある。基本的な情報は、日本語のほか、英語・中国語・韓国語の四か国語を標準として揃え、必要に応じてネパール語・ベトナム語・ミャンマー語・タイ語・タガログ語・フランス語・アラビア語などの言語に訳した情報や資料も提供している。

もう一方の多文化共生活動のエンパワーメントについては、「新宿区多文化共生連絡会」の企画と運営を中心に行っている。新宿区多文化共生連絡会は、多文化共生プラザの利用者、地域住民、NPO等の活動団体、日本語ボランティア、外国人相談員、新宿区、新宿未来創造財団、新宿区社会福祉協議会などが参加できる多文化共生活動のネットワークである。元々は、外国人支援に携わる区内の支援団体や地域の自治団体の横のつながりを強化すべく平成一七年に発足した「ネットワーク連絡会」が前身となっている。同連絡会が活動をしていく中で、より関係団体や外国人住民の声を区政に活かすことの重要性が高まり、平成二二年から区の多文化共生事業の諮問機関となる「多文化共生まちづくり会議」の立ち上げが検討されるようになった。平成二四年に同会議が発足すると同時にネットワーク連絡会は「新宿区多文化共生連絡会」に名称が変更され、二か月に一度のペースで現在も活動を継続している。目下、同連絡会では、区内における多文化共生に関する情報や抱えている課題を互いに共有し、各々の会員の強みを活かした連携と協力のもとに支援活動を行うことを主な目的をしている。また、近年の外国人住民の増加に伴い、区民の外国人に対する興味関心も高まり、新宿区では外国人を支援するＮＰＯ団体が増加していることから、同連絡会では、こうした支援団体をはじめ、区内の自治会や町会、商店会、外国人の同人会などの参加を促している。

## 3　地域住民主体で取り組む多文化共生をめざして

新宿区の多文化共生の取り組みの大きな特徴として、「地域住民主体」で実施することを重視している点が挙げられる。多文化共生を自治体の事業として掲げている市区町村は数多くあるが、地域住民を主体として事業を推進しているところはまだ数少ない。地域住民主体を実施している自治体の中でも、新宿区は、多文化共生の推進において、住民の声を区行政に反映させることを先進的に行っている自治体である。

こうした地域住民主体の多文化共生事業の中核を担っているのが「多文化共生まちづくり会議」である。同会議は、平成二四年九月七日に新宿区における多文化共生のまちづくりを総合的かつ効果的に推進することを目的に、区長の附属機関として発足した。以来、数々の地域の多文化共生に関する課題に向き合い、令和四年一〇月より第六期目に突入し、現在も進行中である。

多文化共生まちづくり会議は三二人以内の委員で組織することが条例にて定められており、委員の構成員は（一）学識経験者（五名以内）、（二）区民（四名以内）、（三）多文化共生活動団体の構成員（一六名以内）、（四）地域団体の構成員（七名以内）である。新宿区長の委嘱によって、このうちから合計三二名以内の委員が選定される[3]。

多文化共生まちづくり会議は新宿区の公的な諮問機関であり、会議体の中で協議された意見を審議し、毎期の審議内容を報告書としてまとめ、区長に対して区の多文化共生事業への提言を行っている。これまでも同会議体によってなされた提言に基づき数々の事業への助言や改善策を提言しており、新宿区の多文化共生の推進において大きな役割を担っている。同会議の意見を反映して実施された代表的な事業には、以下のものがある。

## （ⅰ）外国にルーツを持つ子どもたちの教育環境の向上

多文化共生まちづくり会議が発足した当初から、力を入れて取り組まれてきたのが外国にルーツを持つ子どもの教育環境の向上である。増加する外国人住民の受け入れにおいて、区内で大きな課題となっていたのが、外国にルーツを持つ子どもたちの急増への教育現場における対応であった。顕在化する問題に取り組むべく、同会議では外国にルーツを持つ子どもの教育環境の現状と課題の把握に努め、平成二三年度の調査結果を受けて、外国にルーツを持つ子どもたちの教育環境の向上について議論し、区に対して取り組みを強化するよう答申した。

同調査はアンケート調査とインタビュー調査の二種類が行われ、前者の調査では、調査票を「保護者・子ども向け」（調査票を八か国語に翻訳し、各家庭に郵送）と「教員向け」（区立の小中学校の全ての教員に配布）の二グループに配布し、保護者票三九四票と子ども票三九六票を回収した。また、後者の調査では、アンケート調査の調査票に同封した「インタビュー調査の同意書」に同意した保護者と区内で活動しているＮＰＯ団体等から紹介で同意を得られた家庭の保護者[4]（計五七名）にインタビューを実施した。加えて、区内の中学校一校、小学校一校とＮＰＯ団体一団体にも調査を行った。

区内において外国人の定住化をスムーズに行うためには、外国にルーツを持つ子どもたちが義務教育の内容を十分に理解できる日本語能力を獲得することが大切である。また、両親が共働きで家にいない家庭が多いことから、放課後の居場所がないなどといった生活上の問題も解決しなければならない。「外国にルーツを持つ子どもの実態調査」の調査結果は、現在もこうした課題に対応した学習支援や生活支援等を検討するための基礎資料としての役割を果たしている。

### （ii）新宿区多文化共生実態調査

「新宿区多文化共生実態調査」は、定点的な経過観察を通して、新宿区の多文化共生の実態の変遷を把握する上で重要な意味を持つ事業の一つである。第一回調査は、法政大学笹川孝一教授の提言と考察のもと、平成一九年に日本人住民二〇〇〇人、外国人住民五〇〇〇人を対象にしたアンケート調査と、日本人四〇人、外国人四〇人、団体二〇団体を対象にインタビュー調査が行われたが、平成二七年に実施された第二回調査より多文化共生まちづくり会議が調査支援を行うようになり、令和五年の第三回調査も同会議において過去の調査内容を精査し、質問項目や内容の見直しがなされた上で七月に実施された。

この調査は、地域の多文化共生の実態の経年変化を把握するだけでなく、外国人の流出入から生じる新たな課題や地域住民の要望の掘り起こしにもつながることから、今後の区の多文化共生政策の策定にも役立つ資料となることが期待されている。

### (ⅲ)「新宿生活スタートガイド」の動画配信

一二五か国を超える外国人が暮らす新宿区では、外国人住民がスムーズに日本での暮らしがスタートできるよう生活情報の提供に力を入れてきた。中でも多文化共生まちづくり会議の助言を得て作成された「新宿生活スタートガイド」[5]の動画配信は、留学生が通う日本語学校や専門学校、大学といった高等教育機関で好評を得ている。動画が八つのチャプターで構成されており、主に集合住宅で生活をする際の注意点やマナー、健康保険への加入方法、地震災害の際の避難方法、自転車に乗る際のルール、ゴミの分別や出し方（個人・事業者）、新宿区で生活する外国人へのサポートに関する情報の提供といった内容を網羅している。テーマごとに一つのチャプターで完結するように編集されており、

「シンウェル」と「アゼリア」というキャラクターを活用し、様々なケースを実演することで生活に関する疑問や悩みを解決する形式は、外国人にも理解しやすい。各チャプターの動画には、日本語映像に七つの言語(英語、中国語、韓国語、ネパール語、ベトナム語、ミャンマー語、ルビ付き日本語)で字幕が付いており、観たい画像と言語、放映の速さを選択することが可能である。

これらの事業のほかにも、新たに来日する外国人に対してどのように生活情報を届けるべきか、新宿区のHPや区役所での窓口対応や情報の掲示方法などを同会議にて審議し、実践に活かしてきた。また、既存の外国人住民がどのようにして地域とつながりや関係づくりができるかを審議し、現状の課題を解決するための具体策の検討なども行ってきた。

このように、新宿区では単に外国人住民を受け入れるだけでなく、地域で暮らす日本人住民と外国人住民、地域で活動する外国人支援団体、地域の自治会など、地域の人々の意見を取り入れ、それを施策に反映できる仕組みを構築してきた点は特筆すべきである。

## 4 パンデミックという逆風から得たもの

二〇二〇年の初頭に日本に上陸した新型コロナウイルスは、瞬く間に日本全土に感染勢力を広げ、国際的な人流のみならず、国内の行動制限も厳しいものにした。外国人住民の数を増やしてきた新宿区においても、留学生の入国が足止めされたことなどから大きく減少に転じることとなった。また、これまで対面のコミュニケーションを前提に実施してきた外国人住民への支援策や事業も見直しを迫られるようになった。

特に新宿区の多文化共生事業の四つの柱の一つである「地域日本語教育」は、新宿未来創造財団が実施する対面式で学習する教室を拠り所にしていることから、通常の運営方法での実施が難しく、当該事業は事実上の休止を余儀なくされた。前出の多文化共生まちづくり会議においても、コロナ禍における地域日本語教育の推進方法が議論され、オンライン会議システムによる遠隔学習などが代替案として挙げられたが、実施するためには環境整備に時間と費用が掛かるなどの阻害要因も顕在化した。(6)

他方で、パンデミック等の緊急事態の最中においては、外国人住民への情報提供も従来の方法では限界があることが確認された。この課題に対しては、窓口での対応のほかに、ＱＲコードを活用してスマートフォンで情報を読み取る方法や区のＨＰを活用した情報提供の拡充など、非対面でも情報が得られる方法が提案され、実用化されるようになった。

そして、二〇二三年の五月よりＣＯＶＩＤ‐19は五類感染症となり、日本も海外からの人流制限を撤廃し、再び新宿区に新たな外国人住民が流入するようになった。行動制限も廃止され、従前の施策が息を吹き返し始めている。しかし、私たちは常に流動的な変革の時代に生きている。それゆえ、外国人支援の取り組みや多文化共生施策も、時代の変革に沿って進化し続けることが求められる。少なくとも歴史的な感染症被害から私たちが学んだことは少なくない。

世界的に人流が正常化する中で、新宿区は今後も多くの来日外国人を魅了し続けるであろう。また、常に地域内の外国人率が高く、外国人住民の流動性が高いという特性があるがゆえに、新宿区の多文化共生政策は、多くの自治体から注目をされ続けると推察される。この変革の時代において、新宿区の外国人支援の取り組みがどのような進化を遂げるのか、今後も目が離せない。

注

（1）新宿区HP「新宿区の人口」の「最新の人口」（二〇二三年八月一日現在）より引用。

（2）地域日本語教育とは、地域の国際交流協会や市民活動団体等が主催する日本語教室において、日本語以外を母語とする人に対し、日常生活に必要な日本語の学習を支援するものである。

（3）「新宿区多文化共生まちづくり会議条例」（平成二四年六月一九日）第四条、「新宿区多文化共生まちづくり会議条例施行規則」（平成二四年八月二四日）第三条より引用。

（4）NPO団体みんなのおうち

（5）動画は、日本電子専門学校、専門学校ESPエンタテインメント東京の協力を得て制作。

（6）新宿区全額出資の外郭団体であった財団法人新宿区生涯学習財団が、財団法人新宿文化・国際交流財団を機能統合するとともに、東京都から公益認定法に基づく公益認定を受けて平成二二年にスタートした公益財団法人である。

**郭潔蓉（かく・いよ）**

東京未来大学モチベーション行動科学部教授、博士（法学）。筑波大学大学院社会科学研究科博士課程修了。新宿区多文化共生まちづくり会議に委員として第二期より参加。新宿区の取り組みを中心に、自治体の多文化共生施策の研究を行っている。主な著作に、「外国人人材の獲得とダイバーシティ・マネジメント」（単著、万城目正雄・川村千鶴子編『新しい多文化社会論』第九章、東海大学出版部、二〇二〇年）、「企業が取り組む多文化共生——CSRとダイバーシティ・マネジメント」（単著、小泉康一・川村千鶴子編『多文化「共創」社会入門』第六章、慶應義塾大学出版会、二〇一六年）など。

# 富山の多様な人たちが織りなす多文化共生

宮田　妙子（富山国際学院　理事長）

## はじめに

総務省が多文化共生推進プランを策定したのが二〇〇六年。その一年後に富山県においても多文化共生推進プラン（以下「同プラン」）を策定した。すでに外国人住民の増加が著しい地方では集住都市会議をはじめ、国の施策に先んじて多文化共生への取組みがはじまっていた。さして外国人住民数の絶対数や外国人住民比率が高いわけでもない一地方都市である富山県の取組みとしては、行政の動きは早かったといえるだろう。

同プラン策定後、県では、二〇一二年に同プランを改訂、そこに「外国人材活躍」の観点を盛り込み、新たに「富山県外国人材活躍・多文化共生推進プラン」が策定されたのが二〇一九年である。二〇二三年には「富山県日本語教育の推進に関する基本的な方針」も策定され、外国人の地域への受入れ環境の整備への支援、外国人が活躍する受入れ企業への支援に行政が力を入れ始めたのは大きな一歩といえる。

同プランが策定された二〇〇七年当時の富山県の状況を概括すると、日系ブラジル人が多く集住している高岡市や射水市、日本人の配偶者等が散在している県東部や県西部、留学生が多く居住している富山市中心部と、日本全国各地に見られる特徴が集約していた。それゆえに、他県の先行事例をそのまま富山県内に持ち込むことが難しく、同プランでは県内の各企業へのヒアリングや学校などを通じたアンケートなどを実施し、富山県オリジナルの多文化共生への推進を模索していた。すでに県には四〇を超える関係機関から成る関係者会議が存在しており、同会議でも新しいテーマとして多文化共生が取り上げられることになったが、同会議は国際交流事業中心の旧態依然の体質から脱却することが難しいように見えた。実際のところ、現実に即した動きの方が早く、射水市においては警察が主導となり、地域住民と外国人住民が協働して安心安全なまちづくりをテーマとしたゴミ拾い活動を実施したり、カレーなどの食事を通じた交流会が開催されていた。

そこで、県では外国人の集住度合いが高く、かつ国籍多様、また、一部住民や外国人とのトラブルが発生していたこの射水市をモデル地域と指定し、この地域での多文化共生施策を足掛かりとして、県内全体への普及を図ろうとしていた。

後述する「外国籍こどもサポートプロジェクト（以下「同プロジェクト」）」はこうしたなかで生まれた事業であり、県や（公財）とやま国際センター、射水市、射水市教育委員会、射水市民国際交流協会、富山大学、地元自治会、地域外国人住民などが協力して推進体制を構築した下で進められた（当時の行政担当者が、「意思決定機関は行政から外に出しておいた方がいい」と語っていたことが印象的だった）。

二〇〇七年に同プロジェクトの一環として「多文化共生サポーター養成講座」が開催され、私もそこへ参加したが、受講生が思いのほか多く、地域住民の多文化共生への意識の高さがうかがえた。共生への機運の芽があったのだろう。この講座では、これまであまり総括的に説明されることがなかった県内の外国人住民をとりまく現状や多文化共生の基礎的な概念、そして県内外の実践者などの取組みが紹介され、グループワークでは、「私たち地域住民が主体的に多文化共生に取り組むためにはどのような課題があり、どのような活動が必要となるか」といったワークが行われた。

まさに草の根活動の端緒がここから始まったといってよいだろう。私たち地域住民側の視点に立つと、なんとなく外国人が増えていることは皮膚感覚として当たり前になっていることではあっても、具体的にどこの地区にどのような国籍の人がいるかや、その年齢層や在留資格を知ることはなく、皮膚感覚に客観性を持たせることで、確かな手ごたえを感じ、自信を持って同プロジェクトに関わっていくことができた。

同プロジェクトは三か年計画で県等から射水市へ、そして地元自治会へと主体が受け継がれていくスキームとなっていたが、実際に取組みを始めてみると課題も多く、行政職員の担当者が異動によって変わっていくこと（熱量が変わる）、そのときどきの事情により変更されることもあった。異動後にもボランティアとして参加してくれる行政職員や国際交流協会のスタッフなどもいたが、徐々に行政の関わりの度合いが薄れていくという既定路線は図らずも守られることになった。

しかしながら、毎週土曜日の午前一〇時から一二時まで、射水市の太閤山地区に子どもたちが集まる「多文化こどもサポートセンター」は開催され続け、その開催場所である太閤山コミュニティセンターとの関係性は確実に強くなり、毎週、外国人の子どもたちの集まる場所となり、地域住民が開催する行事にも参加するというのが日常的な光景となっていった。

私はＮＰＯ法人富山国際学院で日本語学校の教師として三〇年近く勤めていることもあり、大学や他の日本語学校や日本語教室、県内留学生やその卒業生との親交があり、相応の個人的ネットワークを持っていたわけだが、二〇一一年に多文化共生を含めた人の多様性を推進するために立ち上げたＮＧＯダイバーシティとやまという団体でのネットワークも大きく貢献していると思う。

当時はダイバーシティという言葉自体が浸透しておらず、聞いたことがあるという人でも、性別や年齢、障害の有無に関わらず人としての尊厳を大切にすることといった認識であり、私たちが当初から目指しているあらゆる属性にとらわれないといった認識は薄かったように思う。しかしながら、ＮＧＯダイバーシティとやまの取組みを通じて、企業や行政、ＮＰＯや地縁組織や団体など、多様な属性を持つ人たちとのつながりが増えていき、そうしたなかで関係性を築いてきた多くの人が同センターの活動を知るところになり、また、実際にボランティアとして参加してくれる、力を貸してくれるといった場面が多くあった。

まさに「多様な人のつながりが広げる多文化共生」の姿がそこにあったといえる。いみじくも先述の行政職員が語っていた「意思決定機関は行政の外に出しておいた方がいい」という姿であり、水が高いところから低いところへと流れていく自然な姿がそこにあり、特定の人だけが特定の課題に取り組むのではなく、属性を超えて、多様な人々が多様な形で向き合っていくのが多文化共生の在り方だと確信するに至っている。

ここからは、実際に富山で多文化共生の地域づくりに携わっている人々がどんな活動をしているのか、私の周りで活躍している人に焦点をあてて具体的に見ていきたいと思う。

## 太閤山地域でのひろがり

同プロジェクトから生まれた「多文化こどもサポートセンター（以下「同センター」）」が開設されたのは二〇〇八年。それ以来、毎週土曜日の午前に射水市の太閤山コミュニティセンターで開かれている。学校では自分を出せずにおとなしくしている外国籍の子どもたちが、同センターに来ると、学校では考えられないくらいには活発であり、大学生のサポーターに悩みを打ち明けて安心した顔をしている姿を目にしたりすると、同センターを続けてきて良かったと心底思える。一昨年の富山県の多文化共生フォーラムに参加してくれたバングラデシュの子が、会場から手を挙げて「私はいつも自信がなかった。でもサポートセンターで先生がいつも悩みを聞いてくれて、がんばろうと思った。サポートセンターがあって、本当にうれしかった」と涙を流しながら話してくれた姿が印象的だ。

そして、同センターの特筆すべきことは、当初は県や市との協働だった事業が、現在では地元の地域振興会（自治会）の事業として運営されていることだろう。太閤山地域振興会の森田正範会長は「外国の人に限らず、地域に住む子どもたち、親、高齢者、障がい者、それぞれを尊重して、そんな皆さんそれぞれの文化の共生が太閤山の多文化共生です」と語る。そんな太閤山地域だからこそ、「多文化こども食堂」を太閤山コミュニティセンターでやりたいとの企画にも、すぐに賛同してくださった。また、太閤山地域ささえあい隊の皆さんもボランティアで多文化こども食堂を手伝ってくださっている。先日開催したマレーシア料理編の多文化子ども食堂の時には、地域ささえあい隊の方と、マレーシアの方の話が盛り上がり、「今度女子会しようよ」と意気投合していた。あえて多文化共生という言葉を使わなくても、そこには多様な人のつながりが広げ、地域づくりからはじめる多文化共生が確実に芽生えているのだ。

現在、同センターから派生したプロジェクトが、もう一つ動き出している。それが、「ムスリム女性のためのまちの多文化保健室」である。それは同センターに来ていたパキスタン人の高校生のひと言から始まった。「そういえば、俺の母さんが病院に行くのを今までに一回も見たことがない」と。ムスリム女性が宗教上の理由により、男性医師に診察されたくないことを思い知る。同じ地域に住んで、同じように健康保険証を持ちながら、宗教上の理由で全く医療を受けられない人たちがいるのは問題だ。そう考えた私は、富山大学国際医療研究会の学生や、協力してくれる看護師と協力し、まちの多文化保健室を開くことにした。プレ開催の集まりの場を設け、またそれを踏まえて第一回の集まりの場を持ち、とするなかで、ムスリム女性が医療に結びつくことが非常に難しいことであることがわかった。このため、個別のヒアリングや医療機関へのアンケート、富山に住むムスリムの人が日常的に集まる場での聞き取りなど、およそ考えられる限りの活動を展開している。こうした一次情報の集約は行政機関等では難しいことなのかもしれないと考えている。

現在、アンケートや聞き取り結果を踏まえ、彼女たちが求める情報を入れた『ムスリム女性のための診察ガイドブック』を作成すべく動いている。この本が出るころには、ガイドブックも出来上がっているかもしれない。ガイドブックに興味のある方は、筆者までどうぞ。

## 地域住民の一人ひとりの横顔から見えること

現在、射水市は外国人住民の比率が富山県内で一番高く、三％を超えている。また、射水市の特徴はパキスタンやバングラデシュ等のムスリムの人が多く住んでいることである。射水市に住むパキスタンの人たちを中心とした人たちのことを最近では「イミズスタン」と呼ばれ、イミズスタンのカレー屋さんは美味しいと全国ニュースでも取り上げられるようになってきた。国道八号線沿いには、中古車販売業者がとても多いが、その多くは、射水に住む外国籍の人たちが経営している。日本からロシアに輸出されていた中古車の約半数が富山の港から運ばれていたことを思うと、二〇二三年八月にロシアへの中古車の輸出が大きく制限されたことで、彼らの生活に影を落とすのは必至である。それでも、彼らは富山で生活したいという。ロシアへの輸出ができなくなっても、ドバイやアフリカに活路を見出し、なんとかなります、とたくましい笑顔を見せる。

そんな射水で活動をしている市民団体の一つに「WELFARE　SOCIAL　SOCIETY　TOYAMA　JAPAN」がある。その中心にいるのがパキスタン出身のナワブ・アリさんだ。彼らは、県内外で災害が起きた時、支援物資を集めてすぐに現地に駆けつけている。射水市にあるモスクにはあっという間に多くの支援物資が集まって山積みにされる。それをトラックに積んでどんどん運んでいくのだ。

また、アリさんは、パキスタン人でも日本人でも、とにかくみんな一緒に地域の中で助け合って生きていかなくてはいけないという思いが強い。だから、町内の活動にも積極的に参加して、町内会の人たちとの信頼関係を築いてきた。町内の会合にも進んで参加するし、官民合同の地域防犯パトロールや地域の側溝清掃等にも進んで参加する。地域で多文化共生を考えるワークショップがあれば、日本の人たちと一緒にテーブルで話し合う。そういう地道な活動によって、地域の人たちととても良好な関係になることができた。力仕事ができないお年寄りがいたら喜んで手伝うこともあり、すっかり頼りにされている。ゴミ出しのルール等もアリさんたちが新規転入者の外国人住民に丁寧に解説することで、トラブルになることが大きく減少している。

そんなアリさんが今いちばん悩んでいることはお墓の問題とのことだ。富山を終の棲家と考えるムスリムの人も増えてきた。土葬を是とする彼らにとって、埋葬の問題は深刻だ。行政も一度本腰を入れて考えてほしいと願っている。

同じく射水で多文化共生の発信基地になっている場所がある。それが日系ブラジル人の山下アランさんが経営する「ＢＲＡＶＥＳ」だ。アランさんの母のシルビアさんが、子どもたちのために学習支援教室とポルトガル語教室を開いているのをはじめ、コミュニティ図書館として、ポルトガル語、英語、日本語の本を一〇〇〇冊配置して、無料で貸し出しを行っている。他にも、アランさんが行うブラジリアン柔術の教室や、カフェ、ジム、ネイルサロン、子どもたちの遊び場、ロシア人が行うベリーダンス教室など、多文化で多種多様なダイバーシティな空間が広がっている。有志による外国につながる親子のための高校進学説明会や多様な人が集まるイベントも開かれ、目の離せない場所になっている。カフェで提供されるシルビアさんの作るブラジルのスナックも絶品。イミズスタンのカレーとともにぜひ食べてほしい味である。

## 多文化共生の地域づくりに欠かせない持続可能な日本語教育

何年も日本にいながら日本語がほとんど話せない外国人住民は少なからずおり、そういう人たちはおのずと自分たちのコミュニティでのみ暮らしていることが多い。

そんななか、日本語教育に取り組む人々の長年にわたる地道な働きがあり、日本語教育推進法が二〇一九年に施行され、地域における日本語教育は国・自治体・企業が中心となり、推進するように定められた。富山県でも、富山日本語教育推進会議を設置するなど、日本語教育の在り方が変わる兆しが見えてきた（私はその推進会議の令和四年度、五年度の座長を務めている）。枠組みができればいいというものではないが、諸外国に比べると、日本語教育制度は大変貧弱なものである。こうした国の動きは日本語教育にとってとても大きな一歩になるだろう。

富山には、長く日本語教育に取り組んでいる二団体がある。民間日本語教育機関の「トヤマ・ヤポニカ」とNPO法人の日本語学校「富山国際学院」である。

トヤマ・ヤポニカは、地域社会が多文化共生社会となるために日本語教育が何を担えるのか、時代の要請に応えることができる日本語教育のありようについて模索し、さらにそれらを富山の地から発信している団体で、一九九〇年から活動している。

富山国際学院は一九九三年に北陸で初めての日本語学校として開校した。途中閉校の危機もあったが、教師による任意団体として存続、二〇〇五年からは全国でも珍しいNPO法人の日本語学校となり、三五か国以上から多くの日本語学習者を受け入れてきた。

卒業生は国県内外で活躍しているが、富山の企業に就職したり、富山で起業したり、富山で結婚して子どもが生まれた者も多くいて、地域のために幅広く活躍している。開校して三〇年、多文化共生の地域づくりが生まれるきっかけを地道に生み出してきた日本語学校といえるだろう。私は富山国際学院が開校した当初から日本語教師を続けているが、多くの外国人学生の笑顔や涙に触れることができる日本語教師は本当に幸せな仕事だと思っている。もちろんきれいごとだけでは済まされないのも日本語教師。とてもここには書けない話もたくさんあり、実はそれがおもしろいのだが、それはいつか皆さんにお会いできた時に直接お話しできればいいなと思っている。

## 企業に期待されること

これからの多文化共生社会を考える上でとても重要なのは、企業がどう多文化共生に取り組んでいくかだ。

富山の「多文化共生×企業」を牽引している一人が、株式会社村尾地研代表取締役社長の村尾英彦氏だ。村尾地研は土木・建設・防災・環境の分野で、社会の発展に貢献している会社である。今、村尾氏は企業を中心にした外国人材活躍のネットワークを立ち上げようと東奔西走しており、企業だけでなく、また、行政主導ではない行政や大学やＮＰＯ等が参画する新しいネットワークを作りたいと考えている。そんな思いになったのは、未来の子どもたちのため、未来ある富山を残していきたいと思うからだ。

富山県は災害が少ない県だと言われるが、近年たまたま大きな災害が起きていないだけで、過去の歴史では災害とともにあったことが知られている。

例えば、一八五八年四月九日、マグニチュード七と推定される飛越地震が立山連峰を襲った。この地震により立山カルデラ内の斜面が大崩壊を起こし、崩れた土砂が常願寺川をせき止めた。川をせき止めた土砂が決壊し土石流が発生、富山平野には氾濫した土石流が押し寄せ、死者一四〇名、負傷者八九四五名の未曽有の被害をもたらした。のちに「日本砂防の父」と呼ばれた赤木正雄氏は、国にその砂防工事の必要性を訴える。しかし、砂防工事実現には多額の予算が必要だった。難色を示す声に囲まれるなか、「日本における治水の根本は砂防にある」と砂防の重要性を説き、着工承認を得たのだ。それ以降、そして現在も、未来の子どもたちに向けて砂防工事は続いている。今日では「ＳＡＢＯ」は世界共通の言葉である。

富山の未来のため、先陣の献身的な働きがあり、今の自分がある。だからこそ、自分も未来の子どもたちのために尽力し、未来の子どもたちに未来ある富山を残したい、そのためには外国人材を含めた多文化共生の企業、そして多文化共生の地域社会を目指さなければならない、村尾氏にはその熱い思いがある。

## おわりに

七年前に本書の初版が出た後、世界では大きな出来事が立て続けに起こった。新型コロナウイルスによる社会活動のストップ、世界各地で起こる戦争や紛争、我々が地域社会で多文化共生と言っているのをあざ笑うかのように、世界はますます混沌として明日に希望を見出すのが難しくなってきたのかもしれない。

それでも、この富山のこの地域の小さな公民館の一角で、全然知らなかったマレーシア人女性と日本人女性が「今度女子会しようよ」と笑い合っている。多文化こどもサポートセンターに来ていた小学生が社会人になり、今来ている子どもたちを膝にのせて宿題を教えている。若いベトナム人が近所のお年寄りの家の雪かきをして、お礼にビールをもらって富山弁で話している。多文化共生畑では、東南アジアでよく食べられる空芯菜がすくすくと育っている。小さな日常の一コマ一コマが富山で積み上げられている。そんな日常の積み重ねこそ、「人」を中心に、地域づくりからはじめる多文化共生そのものなのではないだろうか。富山に暮らす一人ひとりがそんな小さな日常の幸せを感じられることが、今、富山県が成長戦略の核にしているウェル・ビーイング（真の幸せ）なのではないだろうか。

だから、私たちは時代がいかに混沌としても多文化共生の道を歩んでいきたい。ちがいに気づきちがいを活かし　ちがいが創る　しなやかな地域社会に向けて

**宮田妙子（みやた・たえこ）**
ＮＰＯ法人富山国際学院理事長。一九九三年から日本語学校や大学、企業において外国人の日本語教育や生活支援を担当。二〇一一年にＮＧＯダイバーシティとやまを設立し、

多文化共生・ダイバーシティの普及啓発にあたる。多文化共生マネージャーとして外国にルーツを持つ子どもたちのサポートも行う。コロナ禍に留学生たちと有機農業の多文化共生畑を開始。他にもＮＰＯ法人フードバンクとやま理事、ＮＰＯ法人富山ダルクリカバリークルーズ監事など、活動は幅広い。

# 「やまなし多文化共生社会実現構想」からはじまる人間関係づくり

小宮山　嘉隆（山梨県外国人活躍推進監）

山梨県は日本のほぼ中央に位置し、県庁所在地である甲府市は、扇状地で囲まれた盆地の平野部にあり、夏の酷暑、冬の底冷えと気候は京都に似ていると言われている。

扇状地は、水はけが良く、果樹栽培に適しており、ぶどう、ももの収穫量は全国一だ。

また、国産ぶどうのみを原料とした日本ワインの生産量は国内の約三割を占め、令和元年八月に本県は「ワイン県」として全国に宣言した。

日本のシンボルである富士山を有し、東京にも隣接し、特急列車や高速バスを利用して、成田や羽田といった国際空港はもちろん、新宿や静岡などの近隣都県の主要な駅にも簡単にアクセスが可能である。今や、富士登山だけではなく、海外の旅行客のＳＮＳで一躍日本の超有名スポットとなった新倉山浅間公園など、外国人観光客を見ない日はない。

新倉山浅間公園

## 山梨県の状況

日本の在留外国人は三〇〇万人を超えた。本県でも二万人を超える勢いだ（以下、在留外国人データは、法務省発行「令和四年版在留外国人統計」に基づく）。

本県の都道府県別人口ランキングは四二番目。だが、在留外国人数は二五番目。県民人口八〇万人を切った小さい県だが、たくさんの外国人が本県で暮らしている。

国籍別人口は一位「中国」、二位「ブラジル」、二〇一〇年から不動の順位であった。しかし、二〇二一年ブラジルとベトナムが肩を並べ、今やベトナムがブラジルを徐々に引き離している。

市町村別では、甲府市が最も外国人が多く、約三割の外国人が暮らしている。

その次に多い中央市は、人口は約三万人。県民総人口の約四％弱に過ぎない。だが、県内外国人数のシェアは一一%。国籍別だとブラジル人が六割以上を占め、県内の約半分のブラジル人が住んでいる。

本県は、リーマンショック(二〇〇八年)までは「ブラジル」王国であった。拠点は今も昔も中央市である。

## 中央市~ブラジル人集住地域~

一九九〇年、入管法の改正により、日系人の日本への移住が進んだ。

県内で特に移住が進んだのが、旧田富町(現中央市)。移住労働者の派遣先となった甲府市や南アルプス市などの工業団地のほぼ中間に位置することから、会社が中央市内のアパートを借り上げて外国人を斡旋した。市は、外国人からの相談に対応するため通訳を窓口に配置。一九八九年に開校した田富南小学校も外国人児童の受け入れ体制を整備。県営住宅や市営住宅も学区内にあったことから、家族での転入世帯も増加。更にキリスト教の教会も設立され、口コミなどにより一気に集住化が進む。市内のブラジル食料品店には、週末にはブラジル銀行も開店し、そこはまさにブラジルだ。

市ではポルトガル語版広報誌を毎月発行し、市や市国際交流協会主催で、日本語教室や外国籍児童学習支援教室も開催されている。ここでは、安心して暮らしていける各種サポートが行われている。

一方、日本語が話せなくても生活できるコミュニティーも形成されており、教室に参加しない(できない)人たちへの日本語教育等の課題は他の集住地域と同様に存在している。

## 外国人活躍推進グループ

令和四年四月一日に知事政策局外国人活躍推進グループが発足した。筆者は外国人活躍推進監を拝命した。

令和三年度までは、知事政策局国際戦略グループの一担当として国際交流業務と一体となっていた。令和四年度、多様な存在が共生していく山梨県を作るために専任のチームを作ろうという知事の命で外国人活躍推進グループとして組織化された。

山梨県を「第二のふるさと」と思っていただき、県民と外国人が本当の仲間として一緒に盛り上げていく土台を作っていこう。知事の言葉が我々スタッフ四人の士気を鼓舞したのである。

## 偶然生まれた構想のコンセプト①～令和四年四月二一日～

共生社会を実現するために本県の目指すべき姿を示した「やまなし多文化共生社会実現構想（以下、「実現構想」という）」のコンセプトは、四月二一日と二二日の出来事から偶然生まれたものであった。

知事から「多国籍団地で有名である神奈川県営いちょう団地は参考になる」と聞き、四月二一日いちょう団地を視察した。

この団地は、一九七一年から入居が開催された横浜市と大和市にまたがる県下最大の県営団地である。多国籍団地となったきっかけは、外務省外郭団体アジア福祉教育財団が、インドシナ（ベトナム、ラオス、カンボジア）難民のための大和定住センターを一九八〇年に開設したことに遡る。その後センターで支援を受けた難民が主に移住したのが「いちょう団地」であった。

一九九〇年にいちょう団地で第一回外国人交流会が開催され、二〇〇五年には多文化共生交流会が始まる。二〇年以上かけ多文化共生交流の絆を深めた結果が今の姿だと連合自治会の幹部は話してくれた。

ここで、筆者が印象に残った、いちょう団地連合自治会の多文化共生事業の基本方針を紹介する。

「『どこの国の人とも仲良く暮らしたい』として排除の論理を持たないということです」

「この事業は連合自治会だけの力でできる事柄でなく、学校、ボランティア、団体、行政、学者など多くの皆さんの協力を戴きながら今後も、共生の努力を致します」

たくさんのコミュニケーションや議論、そして祭りや交流会などの協働作業を通じ、ともに汗を流し強い信頼関係が育まれていった。この信頼関係の積み重ねが、一緒に暮らしていこう、ここで暮らしていこうという気持ちが生まれたのだと、連合自治会の方々からの力強い言葉で感じ取ることができた。

## 偶然生まれた構想のコンセプト②～令和四年四月二三日～

翌二三日、山梨県立大学主催「多文化共生地域課題」の第一回目の講義を聴講する機会を得た。早稲田大学大学院の山西優二教授（専攻は、国際教育論・共生社会論）が第一回目の講師であった。

同教授は、人間を理解するためには、人間と人間の関係づくりから始まるとし、人間の関係づくりに必要な三つの要素として、「セルフエスティーム（自己肯定感）」「コミュニケーション力」「協力する力」を提示した。

講義を聴きながら、昨日のいちょう団地の多文化共生社会が構築されている関係とこの三つの要素が重なった。コミュニケーションとともに協力する力が合わさることで自己肯定感が高まり、それが他者受容・他者肯定にもつながるのではないかという普遍的な共通点が見えてきたのである。

そして、忘れ得ぬ感覚が、この三つの要素を多文化共生のコンセプトとしたいと筆者の背中を強く押したのである。

それは、かつて労働関係の部署で障害者能力検定の業務に携わった時のことである。

障害者能力検定会場に見学に来る検定受検者の両親や家族が一つの温かな球体に包まれているように見えたのである。障害者を持つ親御様は、お子様の障害について、たくさんの議論（コミュニケーション）を重ね、障害を乗り越えるために医療機関や相談機関などにともに行動し（協力する力）、お子様の生育の過程でともに泣き喜びそして、励まし合ってきたのではないだろうか。お子様との生活の中で、家族の一人ひとりが自分たちを信じ合い、認め合い、子どもを核として育まれた「自己肯定感」という成木がその正体ではなかったのか。本当に不思議で忘れ得ぬ感覚であった。

## やまなし多文化共生社会実現構想委員会の設置

山梨県立大学の講義からわずか三日後の四月二六日、知事にいちょう団地の報告と視察を通じて得た知見を踏まえ、「コミュニケーション力と協力する力により、セルフエスティーム（自己肯定感）が高まることで、日本人も外国人もともに認め合う。これを共生社会のあるべき姿としたい。そして、実現構想策定の会議体として『やまなし多文化共生社会実現構想委員会』（以下、「構想委員会」という）を設置し、三回の構想委員会の議論を経て、実現構想を県民に示していきたい」と伝え、知事から了解を得た。

翌日の四月二七日には、知事が記者会見を行い、五月に構想委員会を設置し、共生社会実現のあるべき姿を示すとともに、秋以降には、市町村とも連携しながら、全ての県民が国籍に関係なく暮らしていけるような社会づくりに向けた取り組みを実行していくと県民に向けて発表した。

こうして、五月から構想委員会がスタートすることとなった。

## 構想委員会から生まれた収穫

本書の編著者でもある毛受敏浩氏ほか、山西優二教授などの学識者、多文化共生団体関係者、外国

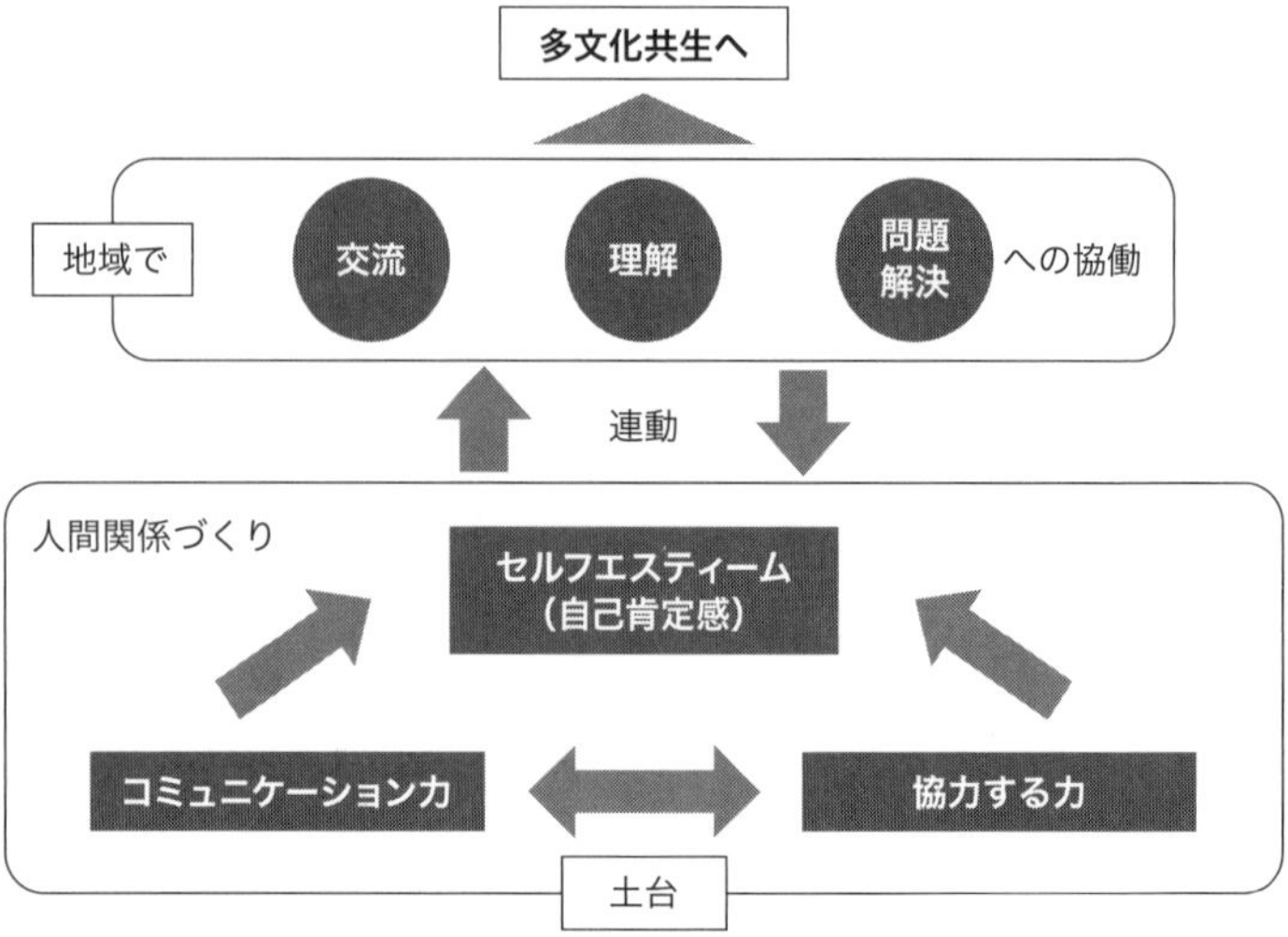


多文化共生社会実現へのあるべき姿

籍代表者、自治会関係者、学生、メディア関係者等、多才なメンバーで構成された計一八名で構想委員会が始まった。

五月から八月まで計三回の構想委員会を経て、実現構想が策定された。

構想委員会で繰り広げられた議論は、中長期的な視点でたいへん示唆に富んでいたものであった。着任して半年も満たなかった筆者にとっては、共生社会の実現に立ちはだかる山積する課題に茫然自失となるも、表1のとおり、ライフステージや課題ごとに整理することなどにより、委員の皆様から共生社会実現への光の道筋を示していただいた。

山西教授からは「今回、土台というところに、人間関係づくりに三つの要素を入れられたことの意味、これは非常に大きい。今まで多文化共生のいろいろな動きがあるのですが、どうしても、交流、理解、問題解決というところが、

## 表１　解決策

下表では、9つのテーマに分類した課題について、乳幼児期、学齢期、青壮年・高齢期の3つのライフステージごとに「解決策」を例示・整理しています。

各課題を確実に解決していくためには、一見実現困難だが懸命に努力すれば到達できそうな目標（＝「ストレッチ目標」）を設定して、一つひとつクリアしていくことが有効です。

<table>
<tr><th>課題</th><th>乳幼児期</th><th>学齢期</th><th>青壮年・高齢期</th></tr>
<tr><td>①言語能力</td><td colspan="3">ライフステージに合った日本語習得機会の提供</td></tr>
<tr><td rowspan="2">②コミュニケーション能力</td><td colspan="3">やさしい日本語の使用</td></tr>
<tr><td colspan="3">ICTの利活用</td></tr>
<tr><td rowspan="3">③文化理解</td><td colspan="3">母語保持・母文化に触れる機会の確保</td></tr>
<tr><td colspan="3">日本文化・習慣・ルールの理解</td></tr>
<tr><td>プレスクール等での学習</td><td>就労に向けた<br>在留資格制度の理解</td><td>年金、医療・介護保険<br>制度の理解</td></tr>
<tr><td rowspan="2">④居場所感</td><td>子育て中の親の孤独感や<br>不安の解消</td><td colspan="2">同じ境遇の人たちのための交流機会の提供</td></tr>
<tr><td colspan="3">サードプレイス（同胞コミュニティや同じ境遇の人の交流の場）の創出</td></tr>
<tr><td rowspan="2">⑤社会参加</td><td colspan="2">就学機会の適切な確保</td><td>就労機会の提供、活躍・<br>定着促進</td></tr>
<tr><td colspan="3">日本人と外国人との交流・体験共有、地域活動への参加、外部目線の活用</td></tr>
<tr><td rowspan="4">⑥情報提供</td><td colspan="2">就学に関する情報の保護者への提供</td><td rowspan="2">技能実習制度における<br>手数料等の問題の<br>認識共有</td></tr>
<tr><td colspan="2">在留資格制度の理解等キャリア形成のための<br>情報提供</td></tr>
<tr><td colspan="3">やさしい日本語の普及</td></tr>
<tr><td colspan="3">行政情報等の多言語化</td></tr>
<tr><td>⑦相談体制</td><td colspan="3">生活全般に係る相談体制の強化</td></tr>
<tr><td rowspan="6">⑧支援体制</td><td rowspan="2">母子保健、保育、医療、<br>福祉等関係機関の<br>利活用促進</td><td>ヤングケアラーの支援</td><td rowspan="2">生活困窮者等の支援</td></tr>
<tr><td>就学・進学の促進、高等<br>学校の中途退学の防止</td></tr>
<tr><td colspan="3">行政、国際交流協会、外国人支援機関、民間等との連携促進とそのための<br>プラットフォーム</td></tr>
<tr><td colspan="3">通訳手配</td></tr>
<tr><td colspan="3">支援者（ソーシャルワーカー、日本語指導教員、通訳等）に対する研修</td></tr>
<tr><td colspan="3">公共機関や医療機関における言語不安解消</td></tr>
<tr><td rowspan="2">⑨労働環境</td><td rowspan="2"></td><td rowspan="2"></td><td>企業による外国人<br>被雇用者の待遇改善</td></tr>
<tr><td>多文化共生社会への<br>企業の積極的関与</td></tr>
</table>

個々に動いていく中で、なかなか全部が一つの土台的のものとの関連の中で十分に連動していかない。そこを敢えて土台を入れることによって、全てをつなげていこうとするメッセージ。このことの意味は、すごく大きい」と多文化共生社会実現のあるべき姿の核心的な意見をいただいた。

## 宣言「日本語教育推進県」

構想委員会において、毛受敏浩氏からは、人口減少の視点も含め、労働環境の適正化など専門分野から貴重な意見や提言を数多く賜った。その中でもこれからの山梨県の進むべき道を決定付ける言葉を授かった。

構想委員会での毛受氏の発言を抜粋する。

「山梨県は外国人の日本語教育学習を率先して推進していきます」ということをいろんなところで表明する。多文化共生と漢字で書くよりも、「日本語教育推進県」と銘打つ。こうすることにより、市民の方々も県民の方々も、県はそういう形で外国人を支援するのだということがより分かりやすい。それによって企業の方々も配慮していただけるというようなことが一つ具体的な提案としてあるかなと思っております。

この意見に構想委員会の委員の皆様からも、今まで聞いたことがない非常に新しいフレーズと多くの賛同を得た。

これを受け、令和四年九月定例議会において知事は「外国人が日本で生活するに当たって最も重要なのは日本語であることに鑑み、本県を『日本語教育推進県』と銘打って、全国でもトップレベルの日本語教育施策を展開します」と宣言した。

## 地域日本語教育が始まるまで

実は、日本語教育推進県を宣言する前から、本県では、文化庁の地域日本語教育の総合的な体制推進事業を活用し、令和二年度から空白地域解消を目的として日本語教育と連携した体制づくりを進めていたところであった。

本県が地域日本語教室の体制づくりを開始する前は、外国人が集住している地域中心に日本語教室が設置されていた。外国人住民への日本語教育は山梨県を選んでもらうための重要な要素であることは認識していた。そのため、日本語教室の開設されていない空白地域の解消が最重要課題であった。当時日本語教室は二七市町村で七市町しか設置されていなかった。

開設していた日本語教室でも、専門的に学んだことがないボランティアが教師を務めていた。予算や人員、日本語教育に係るノウハウがないことなどが開設していない市町村の主な理由であった。

この状況を打開するため、令和元年度、本県の在留外国人約二〇〇〇人を対象に外国人を支援する効果的な方策検討のためのアンケート調査を実施した。

その結果、日本語教室に通っていない外国人の約半数が学習したいと回答。日常や仕事、基礎から学ぶことができる日本語など、生活に必要な日本語への学習意欲が高いことが分かった。開催日や場所は、休日に利用でき、歩きや自転車で通える場所での回答が多く寄せられた。

このアンケートを受け、本県が日本語教育を推進していくために、これまで、日本語教育を受けることができなかった外国人に対し学習しやすい機会（日時）や場所（近隣地）に設定（置）すると同時に、日本語教育の質を上げる必要があるという結論に至った。

## 動き出した地域日本語教室

そこで、令和二年二月に県の中期的な取り組みの方向性を示した「やまなし外国人活躍ビジョン」を策定し、身近な地域における日本語教育の機会を増やすとともに、質を上げていくことを今後の取り組みの方向性とした。

そして、令和二年度から地域日本語教室の体制づくりが始まった。

やまなし外国人活躍ビジョンに基づき、まず、「機会を増やす」ため、外国人が気軽に自分で通うことができるよう、市町村で実施する日本語教室開設の支援を行うこととした。

具体的には、県内全市町村に対し「日本語モデル教室」の募集を行い、県が初年度に教室運営支援を行い、次年度以降、市町村が自主運営する流れを作った。

これにより、令和二年度山梨市、笛吹市、令和三年度北杜市、忍野村、令和四年度大月市、南アルプス市、令和五年度甲府市、韮崎市、上野原市と次々に日本語教室が開設されていった。令和二年度以前から市町村独自で開催されている中央市、富士吉田市、富士川町、民間団体で開催されている都留市や富士河口湖町などを加えると、日本語教室の設置市町村は、現在一五市町村まで拡大した。

一方、設置されていない一二町村は外国人住民の散在地域がメインであり、今後これらの地域の外国人住民が参加できるようオンライン日本語教室も開設する予定である。しかし、本県の日本語教室は、ただ日本語を学ぶ場だけではない第三の居場所を目指しており、全県域での対面型交流日本語教室の開設を目標としている。

## 大切にしたいパートナー

次に大事なポイントは、「質を上げる」ということ。

本県では、日本語教育の専門的な知識を持つ人材による、日本語教室の構築及び既存日本語教室への助言を行うため、令和二年度から令和四年度まで日本語学校の日本語教師を県の地域日本語教育コーディネーターとして委嘱。市町村や民間支援団体が実施する日本語教室の把握、指導や運営に関する助言、日本語教室モデル事業の支援業務を担っていただいた。当然、各地域日本語教室には日本語学校の日本語教師を派遣し、日本語教育の向上を図っていった。

しかし、県内では、日本語教師は限られており、毎年増えていく地域日本語教室で、同じく増え続ける多くの外国人への指導には自ずと限界がある。どうしても、日本語学習支援者の支援が必要となる。そこで、本県では、日本語学習支援者をパートナーと名付け、令和四年度からパートナー研修を開始している。

## パートナー研修について

令和四年度から開始したパートナー研修については、本県は幸運であった。外国人支援に総合的に関わっている専門家集団であるＣＩＮＧＡ（特定非営利活動法人国際活動市民中心）が文化庁から委託を受け「日本語学習支援者研修プログラム」を令和二年度から令和四年度の三年間にわたり四県一市で実施した。令和四年度に本県が実施県に選ばれ、ＣＩＮＧＡが文化庁から委託を受けて平成三〇年から令和二年に開発した「日本語学習支援者研修カリキュラム」を土台とした、研修実施プログラムを受講する機会を得た。

この研修内容は全て多文化共生、そして相互理解・異文化理解へとつながるように組まれており、このＣＩＮＧＡの研修を受けた日本語教師が学習ボランティアに対しパートナー研修を七月から八月にかけて計五回実施した。そして、研修を修了した学習ボランティアをパートナーとして、各地の地域日本語教室の学習支援者としてデビューさせることとなった。

本県では、パートナー研修修了後に、必ず出口（地域日本語教室）を用意したことがパートナーのモチベーションの向上につながっていると自負している。

**県内で開催されている地域日本語教室**

紙面の関係で研修の内容については割愛させていただくが、昨年度、パートナー研修を受講した日本語教室と開催時期の関係で受講できなかった日本語教室の両方を何回か見学させていただいた。

パートナー研修を受けなかった日本語教室では、ボランタリー精神が強く、教えてあげなくてはいけない、日本語をしっかり覚えてもらいたいという気持ちが伝わった。

一方、パートナー研修を受講した日本語教室では、「傾聴」を大切に、外国人としてではなく、ひとりの人として知り合うことから始まり、そこから回数を重ねるごとに、文化の違いを超えた信頼関係や相手への慈しみの気持ちが醸成されている姿を目の当たりにすることができた。

本県の地域日本語教室は、パートナーと学習者間の相互のコミュニケーションの場でもあり、相互に学ぶ協働学習の場であり、それが融合され、自己発信や自己表現、自己実現が可能となる自尊感情（セルフエスティーム）が高まっていく。まさに「やまなし多文化共生社会実現構想」のあるべき姿を体現する場となっている。

## これからの施策展開と今後の課題について

地域日本語教室メインの施策展開でも、県民全てが多文化共生へと舵を切ってくれるわけではない。そこで、令和五年に二期目を迎えた知事は、外国人との共生は「日本人の意識改革」にあるとし、政策予算として、多文化交流促進のための新規事業を打ち出した。意識改革は一朝一夕ではできないことから、今まで多文化共生を意識しなかった層も含め幅広い層をターゲットに各種事業を立案・予算化した。

その一例として、若者層をターゲットに「日本人になじみの薄い外国の習慣」などをテーマにしたショート動画の配信をスタートした。

また、県下最大の祭りである信玄公祭りの甲州軍団パレードに外国人が参加し、着物・衣装の着替えや案内など日本人が協働し一緒に参加するイベントや、更に一〇回程度のシリーズで各国の歌やおどり、料理などで交流する地域異文化ふれあい広場や技能実習生や外国人住民との交流運動会なども開始している。他県では既に実施されている取り組みだとは思うが、実現構想の具現化に向けた取り組みをこれからまさに本格化させていく。

情報発信ツールとしては、昨年一一月に「やまなしのがいこくじん」というオープンチャットを開設し、地域日本語教室や県のイベント情報の周知に利用している。オープンチャットは個人ＩＤが特定されず、出入りも自由である気軽さから、今では参加者が二七〇名を超え、参加者も掲示板代わりに自由にイベント情報を流してくれる場となっている。

オープンチャット
「やまなしのがいこくじん」

ただ、やらなければならない課題は山積している。例えば、小学校入学前のプレスクールや児童生徒の長期休暇中の居場所づくり、高校進学ガイダンスなど、筆者の所属で予算要求したが予算措置はされなかった。教育部門は教育委員会という考えもあるかもしれないが、外国人児童を取り巻く環境は、学校現場だけではなく、地域コミュニティー、親の就労環境、暮らしはじめるまでのバックボーンなど、行政側も横断的に取り組まなければ解決できない課題だらけである。今の混迷の時代、行政こそ組織内の共生が必要なのである。

## むすび

人は「人間との関係」を避けて生きることは不可能である。

我々は、人間関係で日々悩み苦しみ、そして、よりよく生きていくための解決策を見出そうと苦悶している。

日本語話者でない外国籍の人との心と心の交流や関係づくりは、果たして日本語が話せないとできないのだろうか。

それは違うと思う。昨年度から地域日本語教室に参加し、同じ地域にいる仲間であることを感じ、空気感をともにすることで、相手に対する慈しみが発生する磁場を感じることができた。

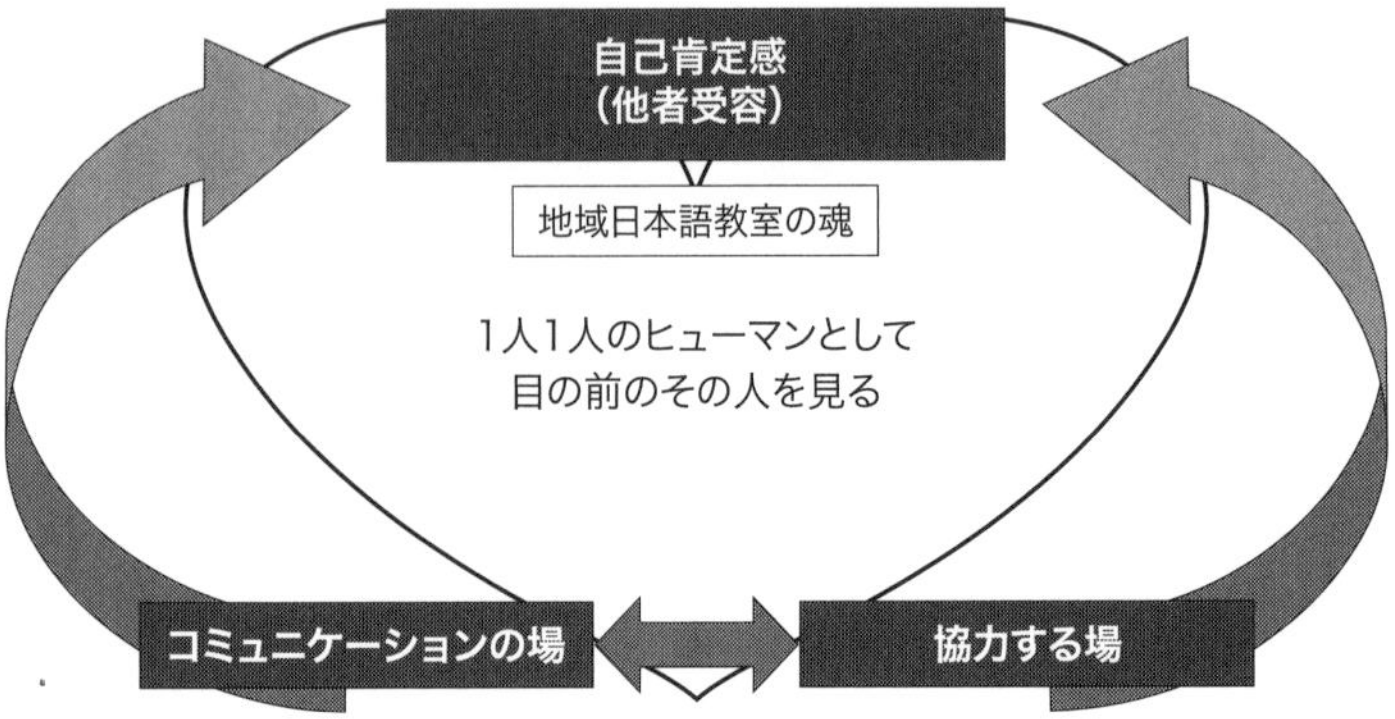


昨年度の地域日本語教室の最終回では、参加者やパートナーから来週から会えなくて寂しい、生活に張り合いがなくなるという言葉をいただいた。安心できる第三の居場所で身近な存在として触れ合うことが、いかに大事であるのかを実感した。

地域日本語教室は、日本語を覚えるための教室であることについて異論はない。それ以上に、心と心の交流から生まれる信頼感とお互いの受容感から生まれる「居心地の良い場所」となることを筆者は望んでいる。

地域日本語教室の場で育まれている心からの交流、そして、そこから生まれるお互いの自己肯定感の向上は、今の日本社会においても必要であり、蔑ろにされていた感覚がどうしても否めないのである。

人の心と心の交流の活性化、これは、外国人だけではなく、人口減少の歯止めがかからない日本において、まさに喫緊の課題である。筆者は、多文化共生を足掛かりとして、本当のつながり、温かみのある関係構築、若者も夢を持てる社会づくりにこれからも関わっていくことを強く望んでいる。

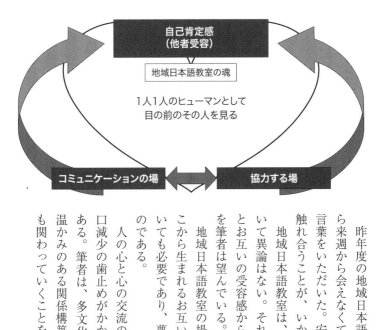

**小宮山嘉隆（こみやま・よしたか）**

一九六八年山梨県甲府市生まれ。一九九二年山梨県採用。環境総務課を経て、県税業務、用地買収、生活保護のケースワーカー、都留市地域包括支援センターでの介護予防業務など約一三年間住民と直接関わる業務に従事。二〇一五年、人口問題対策室へ配属、山梨県まち・ひと・しごと創生総合戦略の策定等を担当、二〇一六年よりエネルギー政策課で、山梨県地球温暖化対策実行計画の改定等を担当、その後、産業人材育成課を経て、二〇二二年から現職。地域日本語教室に参加している学習者のパワーが元気の源となっている。

# 松本の多文化共生NPOと松本市との「協働」
## ――NPO法人CTNの成功例

佐藤　友則（CTN（中信多文化共生ネットワーク）代表理事）

## 1　松本の多文化共生状況

### （1）データで見る現状

①松本市の在留外国人の状況

長野県松本市は外国ルーツの住民が散在する中規模地方都市だ。二〇二三年時点の松本市の全人口は二三万六四四七人、在留外国人数は四〇四八人で、人口に占める比率は一・七％である。推移を見ると、二〇一一年が三九九九人、二〇一五年に三六二一人まで減少したが、現在は最大だった二〇一九年の水準まで戻ってきている。長野県全体では三万八一〇一人で、長野市が四〇五六人と最も多く、上田市三九七七人とこの三市が上位を占めている。それに飯田市二一六五人、伊那市一八七五人と続く。

国籍別に見ると、中国そして韓国・朝鮮が共に九〇四人、フィリピンが五八三人、ベトナム四四二

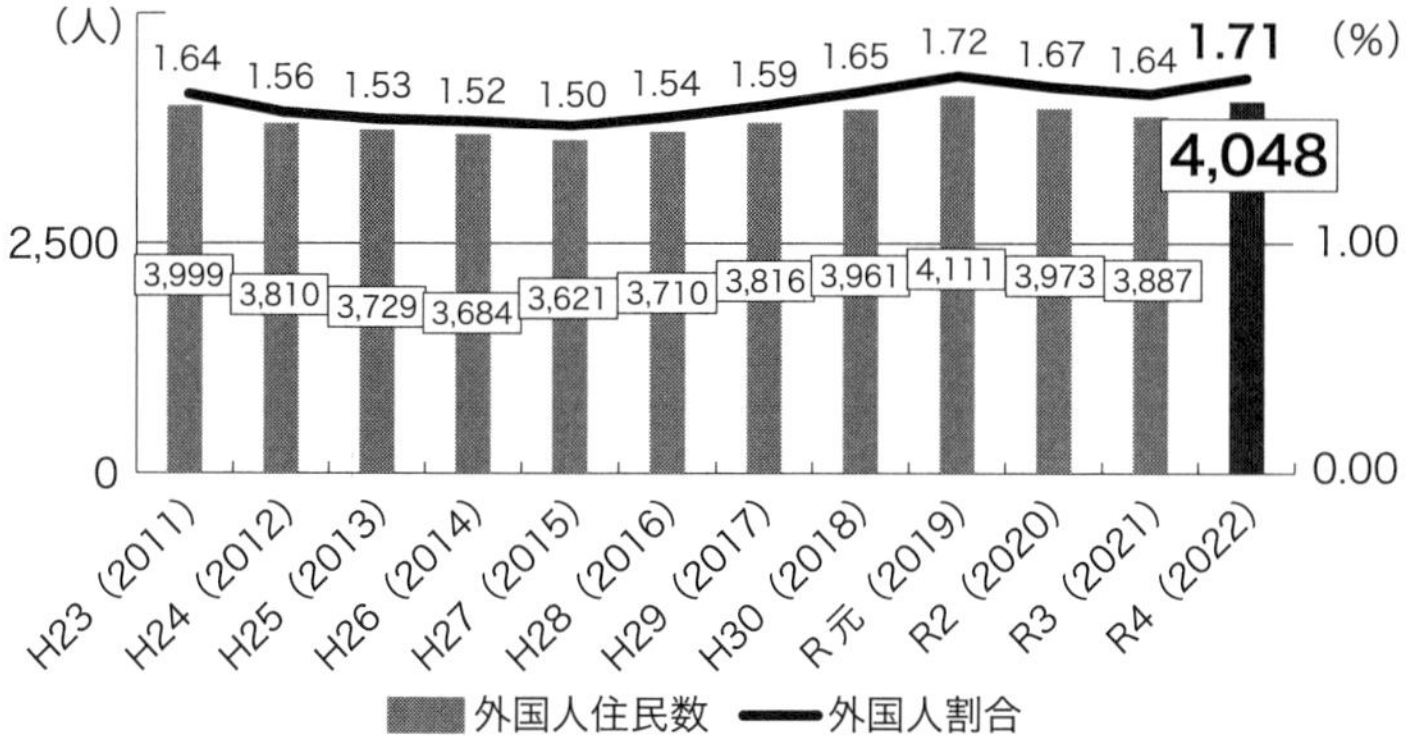


**外国人住民数と市内人口における外国人割合の推移**

人、ブラジル三二五人と続き、世界の六三の国・地域から松本に来て住んでくれている（二〇二二年一二月時点）。在留資格別に見ると、永住者一四八二人、特別永住六二二人、定住三六九人、日本人の配偶者等三一六人、技能実習二九八人、留学二一九人、特定技能二一九人、技術・人文知識・国際業務（以下、技人国）一七七人となっている。これを見ると、長期滞在を前提とした在留資格の人が七三・三％と非常に多く、「松本は短期の外国人労働者や留学生ではなく、長く住もうという外国ルーツの人が多い」ことが分かるだろう。在留資格のうち、技人国は、中国三四人、ベトナム三二人、ネパールが二六人とこの三か国に多いが、その他の国に四〇人おり、幅広い国籍の人が高度外国人材として活躍してくれている。

②松本市の多文化共生施策

このような外国ルーツの住民が住む松本市は、外国ルーツの住民比率は決して高くないが多文化共生施策の質・量においては長野県内トップレベルにあると言っていい。その大きな要因は、松本市とＮＰＯ法人　ＣＴＮ（中信多文化共生ネットワーク）との深い協働関係である。松本市は大きく四つの多文化共生の取組を行っているが、そのうち三つをＣＴＮが市から受託・運営しており、残り一つも発足時から深く関わっている。

本稿では、専門家および実務者からなる市民グループと地方自治体との協働の成功例について紹介していきたい。まずは、具体的に状況をイメージしてもらうために、松本市で活躍している多文化共生関連の人材紹介から始めよう。

## （2）活躍している多文化共生関連の人材

①オランダ出身の元短期留学生：シャーク・ミンチュンス

シャーク・ミンチュンス（以下、シャーク）は二〇一一年九月に、オランダの大学から信州大学松本キャンパスに一年間の短期の留学生としてやってきた。シャークは以前も京都の大学で短期留学の経験があったが、松本に住み始めてこの町と信州がとことん好きになり、京都ではなく、松本に定着・定住した欧米系・外国ルーツの住民である。オランダの大学を卒業後、松本のホテルでの仕事を得て働き始めた。その後、英語教師、県内の観光関係の仕事、そして今は松本市内の高校で正規教員として勤務している。

日本語は上級レベル、英語はネイティブレベルであり、日本人・英語話者コミュニティの双方に幅広いネットワークを持っている。以前、観光関係の仕事に就いていたこともあり、松本市のインバウンド活性化に関して関係者からアドバイスを求められることも多い。本業では、日々、高校生たちの

こいこい松本の様子

指導に当たっており、シャークの存在そのものが日本人高校生にとって多文化共生の生の一ケースとなっている。CTN会員であり、様々な場面で「松本に定着・活躍している外国ルーツの住民」としてイベントなどで活躍している。上の写真は、シャークがオランダ紹介者として参加した、今年で一三回めとなる多文化共生と国際交流の祭り「こいこい松本」でのものである。

②フィリピン出身の着物師範：持山シャロン

持山シャロン（以下、シャロン）は日本人配偶者と結婚して二〇二四年で二〇年になるフィリピン・ルーツの住民だ。三人の子どもの母親であり、子どもが保育園の時から周囲の多くの日本人保護者と付き合いながら過ごしてきた。当初は日本語能力も十分ではなかったが、気さくで明るい性格で、多くの日本人の親に親しまれるようになっていった。その頃、着物の師範をしている母友達の声かけで着物の着つけの勉強を始め、一〇年にわたる研鑽の末、今はシャロン自身が着物師範として活躍している。英語能力・写真の撮影能力も生かし、外国ルーツおよび日本人のお客さんに着つけ&撮影のサービスを提供して歓迎されている。シャロンの子どもたちも地域の太鼓連で十年以上活動するなど地域に溶けこんでおり、先日は「松本城太鼓まつり」で長男（高校生）がオープニングの大太鼓演奏を披露する等、周りの日本人と深く関わりながら生活しているアジア系・外国ルーツの住民である。なお、シャロンは後に紹介する「松本市子ども日本語教育センター」のバイリンガル支援員でもある。外国ルーツの子どもの親と日本人の学校関係者等との間で言語面の仲立ちをしている。

③海外で経験を積んだソーシャルワークの専門家：丸山文

丸山文（以下、丸山）は外国ルーツではないが、松本市内の高校を卒業後、米国に渡り、大学、大学院を経て米国のNPOで働き、難民・移民を含む多様な背景の人々に対応してきた経歴を持つソーシャルワーカーである。CTNとは発足後の二〇〇九年頃から関わりができ、二〇一二年の「松本市多文化共生プラザ」発足時から現在まで不動のコーディネーターとして活躍している。丸山は、豊富なソーシャルワークの専門知識・経験を生かした支援を行うだけでなく、協働している松本市職員、長野県職員等からも信頼を受け、彼らと深い協働関係を構築している。例をあげると、長野県では、県が運営する相談施設のアドバイザーとなり、研修の企画等、県内の相談体制の仕組みづくりに大きく貢献している。丸山は、県内で育ち、この地で多文化共生社会の実現に貢献したいと活躍してくれている、松本市・長野県全体にとって非常に大切な多文化共生人材である。

## 2　CTNの活動

## （1）松本市との協働

①設立前

松本市での一連の多文化共生活動の発端は、二〇〇六年の信州大学から松本市への協働の働きかけだった。筆者が所属する信州大学国際交流センター（当時）が松本市中央公民館に、協働での日本語ボランティア養成講座の実施を呼びかけた。それに対し、中央公民館の担当者は「この両者のみで、この範囲の活動を始めるのではなく、市内で多文化共生の活動を続けてきた関係者が集まって意見を述べ合い、そのうえで問題解決のためにどんな行動を起こすか話しあう会を実施したい」と逆の提案をしてきた。信州大学側はその提案を受け入れ、その後、第一回の意見交換会が開かれたのが二〇〇七年二月であり、CTNの母体はその時にできあがった。その意味では、CTNは発足時から行政の支援を受けていたことになる。その後、複数の意見交換会を経て参加メンバー間で問題意識と今後の方向性の共有が図られ、市民団体を設立することになった。設立前にも市の職員から市民団体の規約作成面でのアドバイスを受けるなどしたうえで、二〇〇八年三月に市民団体CTNが発足した。

②設立後

多くの地域の市民団体またはNPOが行政との協働関係構築に苦心しているものと思われるが、CTNも例外ではなかった。設立に関わった市職員が異動などでいなくなり、ゼロから関係部署に多文化共生の意義・組織設立の目的などを説明してまわったが、当時はなかなか深い理解と協力は得られなかった。また、松本市市民協働事業提案制度も活用してみたが、望んでいた結果は得られなかった。

その状況で、ＣＴＮの運営委員の一人が当時の市上層部メンバーとの話しあいを調整してくれた。その話しあいで発足前および発足後の市との関わり等を説明し、上層部メンバーの大きな協力が得られるようになった。その後の調整の末、二〇〇九年四月には市人権・男女共生課（当時）に多文化共生の担当者ポストがついた。ここからＣＴＮと市との深く長い協働が開始された。その意味では、しかるべき時にしかるべき人と有意義な話しあいを持てたことが大きな成果を上げたと言える。

## （2）松本市からの委託事業他

①松本市子ども日本語教育センター

二〇〇七年の意見交換会の際から、外国ルーツの子どもへの支援充実はＣＴＮメンバーの共通認識であり、最大の懸案であった。そこで、二〇〇九年に国の「ふるさと雇用再生特別事業」補助金を活用して、外国ルーツの子どもに日本語を教える事業開始に向けて活動を開始した。そして市議会議員の助力も得つつ、市・学校教育課（当時）と協働して計画を作成し、その計画が松本市議会に承認された。そして同年一一月に市内の小学校の教室を借りて開始されたのが「松本市子ども日本語支援センター（現松本市子ども日本語教育センター）」である。同センターでは、市内の小中学校に子どもの日本語指導の専門家である「日本語教育支援員」が出向き、外国ルーツの子どもを対象に日本語指導を行っている。また、学校生活その他、子どもの周囲の様々な面に関してじっくり話を聞く話し相手になっている。発足後も市の教育委員会および関係課と非常に密で深い協働関係を構築し、現在に至っている。

なお、同事業は市からCTNへの最初の委託事業であり、その後も安定して継続的に受託するため、CTNは二〇一〇年一月にNPO法人格を取得した。

また、二〇二三年八月には、同センターの日本語教育支援員たちが長年の実践成果を基に外国ルーツの子ども向け教材『学校生活のためのにほんご　やまのぼり』（上に表紙写真）を出版した。広く全国の外国ルーツの子どもに関わる人たちに利用してもらいたいと考え、コピー・フリーで販売している。

センター作成の
子ども向け教材

これらセンターの活動が評価され、二〇二三年に博報堂教育財団の「奨励賞」を受賞することができた。

### ②松本市多文化共生推進プランの策定と改訂

二〇一〇年には、松本市として総務省の「地域における多文化共生推進プラン」をベースにした推進プラン策定に動き出した。その際に、CTNの複数の理事が、市から策定委員長および策定委員に指名され、日本人住民、外国ルーツの住民そして市の職員と共に推進プラン案を作成した。その後二〇一一年に「松本市多文化共生推進プラン」が策定され、市の多文化共生施策の状況確認、問題点の把握とそれらの解決の取組等を行っている。推進プランは五ヵ年計画であるため、その後二〇一六年の第二次プラン、二〇二一年の第三次プランと改訂されてきている。

③松本市多文化共生プラザ

上記「推進プラン」には、「松本市多文化共生プラザ」の設立が書かれており、二〇一二年七月に同プラザが開設された。こちらもＣＴＮへの委託事業である。プラザは、松本に住んでいる外国ルーツの住民と、彼らをサポートする人たち、そして外国や多文化共生に興味がある人たちの拠点として有効に機能している。また「外国人なんでも相談窓口」として、多言語で多岐にわたる生活相談の受付、日本語教室等に関する情報提供などの対応を行っており、二〇一九年には国の一元的相談窓口として登録されている。また、多文化共生に関する各種情報の発信、外国料理を外国ルーツの住民から学ぶ料理教室の実施など様々なイベントの主催・共催も行っている。１（２）③で紹介したソーシャルワーカー丸山文はこのプラザのコーディネーターである。

④地域日本語教育推進事業

二〇二二年から、上述したキーパーソンとしての役割を担ってくれる外国ルーツの住民に対して、中上級レベルの日本語のブラッシュアップと市からの情報を伝えるオンライン日本語教室を開始した。こちらは松本市からＣＴＮへの三つめの委託事業となる。

## 3　成果と課題

**図２　松本市のキーパーソン・ネットワーク**
（出典：第３次松本市多文化共生推進プラン（概要版））

### （1）成果——キーパーソン・ネットワーク

　第三次松本市多文化共生推進プランで大きく記載され、その後も精力的に活動が展開されているのが「松本市多文化共生キーパーソン」の制度である。松本市のキーパーソンとは、多文化共生社会の実現を目指し、地域と外国ルーツの住民の橋渡し役になる人材をいう。キーパーソンは国籍に関係なく登録することができ、二〇二三年八月時点で一〇〇名以上が登録している。キーパーソンには、イベントや災害情報などを「つたえる」、外国ルーツの住民と多文化共生プラザや関係課を「つなげ」て問題の解決に結びつける、日本語教室や多文化共生の祭りなど様々な多文化共生の活動に「参加する」、災害時に外国ルーツの住民に「よりそう」の四つの活動が期待されている。

　これらキーパーソンと松本市が連携し、松本市の地区ごとに正確かつ効率よく情報を共有し、日本語能力が十分ではない外国ルーツの住民への情報拡散や困りごとの早期発見につなげるのが上の図２にある「キーパーソン・ネットワーク」である。このネットワークは、上述したように地震・水害など災害時に行政と外国ルーツの住民をつなぐ役割を果たす。外国ルーツの住民の被災状況の把握、地区ごとの緊急支援の必要性、タブマネなど災害支援専門家への情報提供などが想定されるケースである。ただ、それだけでなく、逆に外国ルーツの住民に日本人高齢者を助けてもらうことも期待されている。若者が多い彼らに活躍してもらうという発想である。

## (2) 課題――地域の日本語教室の運営困難

ＣＴＮは三つの松本市からの受託事業の他に五つの独自事業を運営してきたが、二〇二三年三月にそのうち一つの事業「中信にほんごひろば・並柳教室」を閉室した。二〇一一年の松本地震を機に並柳地区町会長の依頼により開始された活動であり、主に外国ルーツの子どもたちへの日本語および教科支援の活動を続けてきた。最盛期には会場である並柳地区集会所が子どもと支援者であふれかえるほどの盛況ぶりであった。しかし次第に同地区から外国ルーツの住民が減少し始め、同時に子どもたちも減少した。さらに支援する側も、高齢化と新たに入ってくる人材の不足のため、支援疲れが生じてきた。そこに二〇二〇年からのコロナ感染による休室なども重なってさらに子どもが減り、検討の結果、一一年続いた教室を閉じることになった。

実は、活動停止を検討しているのは上記教室だけでなく、他にもある。ＣＴＮ以外の地域の日本語教室に目を向けても、上述した「高齢化と新たに入ってくる人材の不足」は全国共通の大きな課題となっており、支援者たちの悩みの種となっている。

## 4　多文化共生の基本法制定の必要性

### (1) 国としての今後の指針の提示なし

3(2)であげた地域の日本語教室の窮状は、単なる一地域の現象ではなく、外国ルーツの住民や子どもを支援する日本人、そして外国ルーツのキーパーソンの「善意」に頼って数十年運営されてきた「日本の多文化共生施策の綻びの現れ」である。現状では、ボランティアたちが日本語教育活動の継続による「やりがい」を感じられず、負担と人間関係の難しさを多く感じるようになっている。その状況を見た下の若い世代は、これらの活動に興味を示しつつも、本格的に参入して自らが主導的に運営していくことに二の足を踏んでいる。根本的な問題として、これらの活動の今後にやりがいと明るい展望が見えておらず、数十年にわたって支援した側が徒労感を感じる結果となっている。

その大きな原因は、日本政府が国として「外国ルーツの住民とどのような多文化共生社会を築いていき、それが日本社会にどのような実りをもたらし、そのためにどのような施策が必要か」を打ち出していないためである。日本の多文化共生の進め方として、国は総務省の「地域における多文化共生推進プラン」のような大きな枠組みを提示し、各地方自治体がその方向に沿って具体的な活動を展開する形で進められてきた。それが全て機能しなかったというわけではなく、外国ルーツの住民の集住地域では先進的な取組が国の支援も得て開始され、軌道に乗っているケースもある。また、一九九〇年以降、全国で地域日本語教室が開始され、現在まで外国ルーツの住民の日本語学習の主要な選択肢となっている。しかし、この手法はすでに限界が近づいてきている。「中信にほんごひろば・並柳教室」閉室のようなケースは全国で見られ、各自治体の努力のみではもはや今後の明るい展望は見いだせない。

### （2）多文化共生基本法の制定

二〇一九年の在留資格「特定技能」の創設と二〇二三年の第二号対象業種の急拡大、二〇二一年の日本語教育推進法と二〇二三年の日本語教育機関認定法の制定など、急速に進展する少子高齢化と人手不足に対応するため、国としても実は積極的な動きを見せ始めている。

しかし、それでも不十分である。多文化共生という今後の日本で重要なウェイトを占める分野において、国の制度・政策に関する基本方針を明示する「**多文化共生の基本法制定**」が強く求められている。特にその必要性は、地方自治体の声として国に届けられ始めている。長野県では二〇二二年度内に、長野県議会、松本市議会、安曇野市議会の三議会において「多文化共生の基本法制定を求める意見書」が国会に提出された。この意味は大きい。

基本法のもと、教育・労働・医療などの分野においてこれまでの施策と異なる抜本的な方針が提示され、その後に関連法として制定され、実際に新たな施策として動き出すことで、日本は本格的な多文化共生社会に向けて動き出すことになる。それは世界の注目を集めるだろう。その動きの中で改めて「地域の日本語教室」や多文化共生のＮＰＯ等の役割と期待されるものが明示されてくる。それが上記の課題であげたような状況の解決につながり、各地方自治体の多文化共生を大きく進展させていくことだろう。

**佐藤友則（さとう・とものり）**

商社、東京の日本語学校勤務を経て、東北大大学院に進学。その後韓国に渡り、国立大で三年間指導。帰国して一九九九年から信州大学に勤務。現在信州大学グローバル化推進センター教授。二〇〇八年に外国由来の子どもの現状、日本の多文化共生の状況を憂う仲間たちと「CTN　中信多文化共生ネットワーク」を設立し、代表理事に就任。二〇一一、二〇一二年の松本市多文化共生推進プラン（第一＆三次）の策定委員長。著書に『多文化共生八つの質問』（学文社）、『一〇代からの批判的思考』（明石書店・共著）。二〇一八年、多文化共生の活動功績により長野県知事より表彰。

# 愛知県における多文化の現状と取り組み

神田　すみれ（多文化ソーシャルワーカー・コミュニティ通訳者）

## 1　愛知県における多文化の現状と課題

愛知県の県全体の人口に占める外国人住民（二〇二三年六月末現在二九万七二四八人）[1]の割合は三・九七％、東京都に次いで外国人が多く暮らす地域であり、全国の在留外国人の約一割を占める。国籍別では、ブラジルが最も多い状況が続いているが、近年ではベトナム、フィリピン等、アジア圏の割合が増加している。在留資格別では「永住者」が最も多く、永住化・定住化が進んでいることがわかる。世界情勢の状況から、ここ数年では、ウクライナ避難民やアフガニスタン退避者もこの地域に多く避難しており、定住を希望している人たちも少なくない[2]。

一九八九年の出入国管理及び難民認定法改正で、就労に制限のない在留資格「定住者」が創設され、施行直前の告示（一九九〇年五月）で、日系三世とその配偶者及び未婚未成年の子に対して、在留資格「定住者」が付与された。これにより日系南米人が自動車や電気機器等の製造業が集積する地域に集住するようになった（宮島・鈴木、二〇一七）。以降、国の外国人受入政策はなく、日本語教育や相談体制の整備は自治体や地域住民によるボランティアに委ねられてきた。二〇二一年度に愛知県が実施した日本語教育実態調査によると、有償の日本語指導に関わるスタッフは約七・五％であり、地域の日本語教育は無償で活動するボランティアに依存していることがわかる。また、文部科学省が行っている「日本語指導が必要な児童生徒の受入状況等に関する調査」[3]によると、愛知県は日本語教育が必要な児童生徒数は、外国籍・日本国籍合わせて一万七〇〇〇人と全国でも突出しており、その数は年々増加している。外国人の高齢化も進んでいる。来日後、短期間の契約更新を繰り返さなければならない派遣の雇用形態で働き、年金に加入していなかったため、現在、高齢期に入っても生活費を得るために働き続けなければならない人が増えている。二〇二〇年以降のコロナ禍では、従来から問題とされていた政策や制度上の課題がより鮮明に現れた。これらさまざまな課題がある中で、まず愛知県が行政としてどのような取り組みをしてきたかを見ていく。

## 2　「あいち多文化共生推進プラン二〇二二」

愛知県は二〇一八年三月に策定した「あいち多文化共生推進プラン二〇二二」で施策目標の一つとして「ライフサイクルに応じた継続的な支援」を掲げ、全国で初めて、ライフサイクルの視点を多文化共生プランに取り入れ、乳幼児期、子ども期、青年期、成人期、老年期それぞれの課題に対する各種施策を盛り込んだ。愛知県が全国に先駆けて実施した事業としては、小学校に円滑に入学するためのプレスクール事業、生活者としての外国人を継続的に支援するための多文化ソーシャルワーカーの養成、行政主導としては初の医療通訳システムの構築、キャリア支援のための進路開拓・進路応援ガイドブックの作成などがある。また、日本語教育はボランティア任せではなく、行政も積極的に関わるべきであるとして策定した「愛知県多文化共生社会に向けた地域における日本語教育推進のあり方」、初期日本語教育は行政の役割ということで愛知県として始めた初期日本語教室[4]、言語習得は乳幼児期の親子の会話が大切というところから始めた多文化子育てサークル・サロンなどがある。愛知県の取り組みは先駆的なものが多く、日本語教育に関しては文化庁の施策に、そしてライフサイクルという視点は出入国在留管理庁の「外国人との共生社会の実現に向けたロードマップ」に影響を与えており、自治体が日本の移民政策を牽引している好事例ともいえる。

## (1) 乳幼児と子育て

愛知県に在住する外国籍の〇～五歳の乳幼児は二〇二一年一二月末現在で一万二九七四人と二〇一六年に比べて一一九六人増加している。外国籍の乳幼児の数は今後も増加していくであろう。このような状況を鑑み、愛知県では、多文化子育てサロン事業において、各地域のNPOに委託をし、市町村とも連携を図りながら、外国人親子及び日本人親子に対し、子育てに関する意見交換や親子遊びの機会を提供し、防災や交通ルール、離乳食づくり等、子育てに必要な情報や外国人保護者の日本語習得の促進に取り組んでいる。また、日本語が不十分な子どもたちに対して、日本語教室への支援や公立小中学校の日本語教育適応学級担当教員の加配基準の拡大などを行っている。日本語教室への支援としては、県と経済界が共同で日本語学習支援基金を創設し、二〇〇八年度から、地域の日本語教室に助成を行っており、これも全国初の試みである。プレスクール事業は、小学校で戸惑うことなく、早期に学校生活に適応できるようになることを目指し、初期の日本語指導や学校生活指導を行うものであり、二〇〇九年度にマニュアルを作成して以来、県内に徐々に広がり、二〇二二年度は一四市町で実施された。県内の初期指導教室の数、配置されている日本語指導員、語学相談員の数は、増加する子どもの数に追いついておらず、十分な学習機会を提供する環境が整えられるためには更なる充実を図る必要がある。

二〇一二年度には母語教育サポートブック『ＫＯＴＯＢＡ』[5]が作成された。日本語習得が重要視されていた当時、行政として母語の重要性を広めるための取り組みを始めたことは、画期的であった。この取り組みを企画した当時の担当職員によると、支援者たちの間では、すでに母語の重要性は認識されており、それを行政が掬い上げて事業化したものだという。

## (2) 外国人の高齢化

外国人の高齢化も進んでいる。一九八九年の入管法改正に伴い来日した日系ブラジル人をはじめとする第一世代の高齢化が進んでおり、さまざまな課題が出てきている。高齢化に伴い、社会との接点が減少すると日本語力が後退したり、生活習慣が本国の文化に回帰したりするなど、外国人高齢者特有の課題が出てくる。認知症による「母語がえり」もある。母語による介護サービスの紹介やケアプラン作成時の通訳など多様な対応が求められているが、そのような体制をとることができる現場はまだ限られている。愛知県では全国で初めて介護通訳や終活について多文化共生プランに盛り込んだ。

そしてプランに基づき、外国人県民の高齢化や介護に関する課題などを把握するため、二〇二〇年度に「外国人高齢者に関する実態調査報告書～ともに老い、ともに幸せな老後を暮らすために～」を作成するとともに、外国人への介護保険制度の理解を促進するため、介護保険説明リーフレット「KAIGOHOKEN」、介護支援者むけ多文化共生理解促進リーフレット「外国人高齢者の介護　言葉と文化の壁を越えて」を作成した(6)。日本で最期を迎える外国人は増加している。最後は故郷に戻りたいと思っても、歴史的背景、来日時期や本国の状況によって望むとおりになる人は限られる。死生観やそれに関連するタブー、葬儀や埋葬に対する考え方もそれぞれ異なる。そのため、愛知県立大学では、多文化共生プランを踏まえ、中国帰国者二世の木下貴雄（王榮）さんが代表を務める「外国人高齢者と介護の橋渡しプロジェクト」と連携をして、終末期ケア・看取りなどの視点から「異文化『終活』を考えるセミナー」を二〇二〇年より毎年開催し、外国人高齢者が最期をどう迎えるかについて考える機会、啓発に取り組んでいる。

## 3　愛知県における市町村等の取り組み

次に愛知県における市町村等の取り組みで特徴的なものを見ていく。

### （1）自治体による多文化子育てサロンの取り組み

名古屋市で行われている複数の子育てサロンの取り組みを紹介する。名古屋市中区では、中保健所が二〇〇八年から「にじいろサロン（旧称：マミーズサロン）」という産前産後の親とその子どもを対象にサロンを開催している。青年海外協力隊の経験者たちが、産後間もない外国人をサポートしようと自主的に始めた活動が、その後、名古屋市中区の中保健所との連携で継続開催されるようになった。当初は、外国人の親子に対象を限定して、フィリピン人と中国人が多く暮らす地域の特性から、英語と中国語の通訳付きとした[7]。助産師や保健師、栄養士、歯科衛生士の話を聞いたり、離乳食の作り方を実践で学んだりしながら、産前産後の妊産婦同士の交流を図るという目的であった。その後、中区の外国人人口の増加と多様化が進むとともに、外国人と日本人との交流を図ることも方針の一つに加わり、二〇二一年度より、国籍を問わず日本人を含む多様な文化背景を持つ妊産婦とその家族が参加するようになった。名古屋市東区でも二〇二三年一〇月から区役所民生子ども課による多文化子育てサロンが始まり、初回は外国人と日本人の母親たちが一緒に茶道の体験を楽しんだ後、自己紹介をしながら、名古屋の子育て支援制度について、産後の過ごし方や各国のジェンダー観について和やかに話をする場となった。

## （２）地域活動と自治体との連携

愛知県大府市は愛知県西部に位置する自動車産業が盛んな工業都市で、全人口に占める外国人住民の割合は愛知県平均を下回る三・六七％ではあるが、県営梶田住宅の住民の約半数が外国人である[8]。梶田住宅の自治会長、菅原和利さんによると、以前は外国人住民のほとんどが日系ブラジル人であったが、現在はアジア出身の住民が増えたという。二〇二二年四月には各棟に一人ずついる班長六人の内五人を外国人住民が担うこととなった。自治会の活動の一つである高齢者宅の訪問も、外国人住民である班長たちが行うことになり、高齢者に大変喜ばれているという。菅原自治会長は、自ら地元にある子どものための日本語教室「クリアンサの会」[9]の活動に参加している。この会は二〇一六年八月に発足した市民活動団体である。団体結成以前は大府市が主催で開催されており、毎回市役所の多文化共生担当課長と係長も参加をしていた。現在は、市の多文化共生係から依頼を受け、小学校の日本語教室担当教員に協力する形で、市内二つの小学校で、日本語教室のサポート、取り出しや入り込みで児童の教室で授業のサポートを行っている。この取り組みは、二〇一七年から大府市事業提示型協働事業の指定を受けている。「クリアンサの会」代表で元市の職員でもある大嶋順治さんは、梶田住宅自治会活動も積極的に行っており、会に来る子どもたちや保護者の現状を把握しながら、自治会長と共に団地に暮らす児童の家庭訪問をする等して中心的な役割を果たしている。

## 4　企業や協業組合による地域主体の取り組み

愛知県内ではいくつかの特徴的な地域主体の取り組みも始まっている。

### (1) 企業と地域活動の協働

小牧市は愛知県の中でも外国人住民数が六番目（外国人住民割合は五番目）に多い自治体であり、外国人住民が全人口の七・三%を占める。[12]小牧市にある日本ガイシ株式会社（本社は名古屋市瑞穂区）は、社員寮の一室を提供し、地域の日本語教室「一色コスモスサポート学習の会」が外国人児童の日本語学習支援を行っている。日本ガイシのグループ会社でも多くの外国人が働いていることから、二〇二二年四月より社会貢献活動の一環としてこの取り組みが始まった。日本ガイシの社員が業務として講師のアシスタントを務めており、子どもたちの横について、学習のサポートをしながら交流を深めている。多様な大人との接点が限られる環境に置かれやすい外国にルーツがある子どもたちにとって、貴重な機会となっている。

## (2) ブラジルルーツの子どもたちの放課後デイサービス

日系ブラジル人が多く暮らす愛知県を含む東海地域では、ブラジルに背景を持つ子どもたちを専門的に受け入れる放課後デイサービスの事業所が増加しており、ブラジル人の臨床心理士や子どもの教育の専門家の雇用も広がっている。近年、特別支援学級や特別支援学校における在籍率の高さが問題となっている。特別支援学級に在籍する日本籍児童・生徒が全児童・生徒の二・五四%であるのに対し、外国籍の子どものみで見た場合は全児童・生徒の五・三七%という調査もある。[13] 日本人の児童・生徒の約二倍の外国人児童生徒が特別支援学級に在籍しており、日本語ができないことで知的障害があると判断されている可能性があるともいわれている。ブラジル友の会の理事で児童福祉の専門家である金城ナヤラナツミさんは、「言葉の壁や文化の違いから正確な診断が難しい。また保護者の障害に対する受容や理解も課題である」と指摘する。

### （3）愛知県高齢者生活協同組合ケアセンターほみ

訪問介護事業所「ケアセンターほみ」がある愛知県豊田市は愛知県の中央に位置する日本を代表する工業都市であり全国有数の製造品出荷額を誇る「クルマのまち」として知られている。一九八九年の出入国管理及び難民認定法の改正以後、東海地方の各工業都市に日系南米人が多数来往し、自動車関連産業で就労し、豊田市の保見団地には日本最大規模の日系ブラジル人の集住地区が形成された（丹辺、二〇一四）[14]。保見団地ではリーマンショックを期に、二〇一〇年愛知県高齢者生活協同組合が厚生労働省の雇用対策事業である「基金訓練」制度を活用し「保見ヶ丘介護教室」を開催した。これを受講したペルー、ブラジル、日本人の三人が中心となり、二〇一一年に訪問介護事業所を開所、現在ではペルーやブラジル出身の訪問介護員がさまざまな国籍の利用者に異なる言語で介護サービスを行っている。外国人が主体的に参画して、事業所を作る労働の取り組みであるといえる。所長でペルー出身の上江洲恵子さんは、外国人高齢者の中には、介護保険制度を知らない人、訪問介護員を家事代行と思い込み、介護以外のリクエストをする人も少なくなく、本国との制度の違いや介護の概念を、その人の母語で、丁寧に説明することが大切と話す。

## 5　避難民支援と自治体との連携

東海地域は、難民申請者が多く暮らしている地域であるが、難民申請者への公的支援は非常に限定的であり、厳しい状況の中での生活を余儀なくされている人が多い。世界情勢の状況から、ウクライナ避難民（二〇二三年一二月現在一二四名）やアフガニスタン退避者（二〇二三年一二月現在約一三〇名）も愛知県に避難しており、その多くは定住を希望している。[10]

ウクライナとロシアの戦争が始まって約二ヶ月が経った二〇二二年五月一一日に「あいち・なごやウクライナ避難者支援ネットワーク」が発足した。[11] 複数のＮＰＯ団体と専門家により設立されたネットワークで、これまでの災害支援、外国人支援、難民支援、東日本大震災避難者支援での官民連携の経験が生かされている。名古屋エリアを拠点に活動する日本ウクライナ文化協会とも連携をして、東海地域に暮らすウクライナ避難民の支援を行っている。避難民一人ひとりの状況を把握し、必要とされる生活支援を日常的に行っている。そして受け入れ自治体や国際交流協会、地域の日本語教室を訪問し、それぞれのニーズに合った情報提供をしたり、専門家による助言を受けられるような場をオンラインで設定したりするなど、自治体や地域と連携をした支援体制の構築を目指している。

難民の生活支援は一見新しい取り組みにも見えるが、緊急時に迅速な受け入れ対応と、その後に続く定住支援が可能となったのは、これまでの多文化共生に向けた市民や行政の取り組み、多様なステークホルダーの信頼関係、連携の経験とその積み重ねがあったからこそといえる。

## 6 今後の展望

国の政策が十分ではない中、愛知県は、「ライフサイクル」という新しい視点から作成した多文化共生推進プランに基づいた先進的ないくつもの取り組みを地域と連携して行ってきた。愛知県内の市町村等は、民間組織、地域の自治会等の住民組織と連携し、多文化支援に取り組んでいる。外国人住民が増加する中で、日本人を含む住民が抱える生活課題の解決を、外国人住民が主体になって担う動きも始まっている。これらのアプローチを示すヒントは、多くの課題に直面しながらも、日本社会の地域の中で多く生まれている。多様なセクターが連携しながら、組織や個人の特性が生かされ、主体性が育まれるプロセスは、これからの希望となる経験が積み重ねられており、今後、ますます多文化へと進む日本社会の基調となるであろう。

注

(1)愛知県ウェブサイト　https://www.pref.aichi.jp/soshiki/tabunka/gaikokuzinjuminsu-2022-6.html（二〇二三年一一月一日確認）

(2)筆者ヒアリングによる。

(3)文部科学省「日本語指導が必要な児童生徒の受入状況等に関する調査（令和三年度）」結果

(4)この初期日本語教室は「対話型」であり、文法積み上げ方式ではない。この初期日本語教室を最初に受託したBriAsia合同会社代表の伊藤クリスティーナさん（フィリピン国籍）が一四歳で来日し、日本語を習得した経験を踏まえて開発された。

(5)大橋充人さん。著書『在日ムスリムの声を聴く――本当に必要な〝配慮〟とは何か』（晃洋書房、二〇二一年）。

(6)外国人高齢者と介護の橋渡しプロジェクトが事業受託、作成。

(7)筆者は二〇一四年から通訳として関わっている。

(8)二〇二三年一〇月末現在、梶田住宅は全六棟あり、五二・七％が外国人の入居である。

(9)「クリアンサ」はポルトガル語で「子ども」を意味する。「外国にルーツを持つ児童が居心地よく自分らしくいられる場所で日本語を学んだり宿題をしたりする」ということを活動目的としている。
(10) 筆者ヒアリングによる。
(11) 筆者は発足当初からのコアメンバーとして支援活動を行っている。
(12) 愛知県北部に位置し、東名・名神高速道路、中央自動車道の結節点であり、県営名古屋空港を擁する内陸工業都市。二〇二三年度外国人集住都市会議開催市でもある。
(13) 毎日新聞二〇一九年八月三一日掲載記事。
(14) 豊田市に居住する外国人は入管法改正前の一九八九年には二四九三人、二〇一一年には一万四二二八人に、二〇二二年には一万八三九三人まで増加しており総人口に占める割合は四・四%である。このうちブラジル人の増加が著しく、二〇一一年九六人から二〇一一年六二九八人となった。以後、アジア系の外国人住民も増加している。豊田市保見団地は、二〇二二年一〇月現在、住民総数六七三三人、外国人住民は三八一九人(五六・七%)、内ブラジル人が三三二一人で全外国人住民の八七%を占める。

**神田すみれ(かんだ・すみれ)**

一九九九年米国サウスダコタ州立大学卒業後、台湾で日本語教育に携わる。二〇〇九年名古屋大学国際開発研究科博士前期課程修了。二〇〇九年度愛知県多文化ソーシャルワーカー養成講座修了。名古屋大学国際開発研究科特任助教を経て二〇一七年より愛知労働局名古屋外国人雇用サービスセンターにて外国人雇用管理アドバイザーとして勤務。二〇二〇年より愛知県犬山市役所外国人相談員。多文化ソーシャルワーカー、コミュニティ通訳者として、東海地域で外国人の相談対応を行っている。NPO法人地域と協同の研究センター研究員。愛知県あいち多文化共生推進会議委員。犬山市多文化共生推進会議委員。高浜市多文化共生推進プラン策定委員長。愛知県立大学人間発達研究科博士後期課程在学中。

# 多様性を豊かさに――三重県鈴鹿からの挑戦

坂本　久海子（NPO法人　愛伝舎　理事長）

## 愛伝舎を始めるまで

私は一九九三年から九八年までブラジルに滞在したその経験から、外国人との共生社会をつくる取り組みの必要性を感じ、二〇〇五年外国人支援のNPO法人、愛伝舎を立ち上げた。私が滞在していた頃の一九九〇年代のブラジルはハイパーインフレで経済が混乱して、多くの日系人が日本へ短期就労に向かうブームが始まっていた。あくまでも「出稼ぎ」の短期就労として日本へ向かう人達だ。九〇年代前半、独身者や父親が単身で来日するケースから、徐々に家族帯同が増え子ども達の来日も増加していった。日本人の価値観、社会規範、制度は大きく異なることが多く、その違いのギャップは日本人にとっても、ブラジル人にとっても大きなストレスになるのではないかと想像していた。

帰国後二〇〇二年から製造業の盛んな鈴鹿市の小学校の国際教室で非常勤講師として日系人の子ども達の教育に関わるようになった。毎年外国籍の子どもが増加する中、体系的な日本語教育の体制が整備されていないと感じた。そして子どもの教育環境だけでなく日本の社会に外国人を受け入れる体制がないということを感じるようになっていた。

非常勤講師をしながら、子どもだけでなく日系人家庭の困窮を垣間見る様になり、父親が派遣会社を解雇された家庭の住居探しに関わったことで、不安定な就労環境が外国人家庭をきしませていると感じていた。当時外国人への行政サービスは整っておらず、また相談に行っても担当部署が違うと取り合ってもらえず、縦割り行政の弊害を感じていた。労働者としてのみにフォーカスされ、生活者として、住居、社会保障、子どもの教育、防災など生活全般を包括的に考える視点が重要だと行政に話をしてもこれまた取り合ってもらえなかった。人口減少が加速し、今後益々外国人を受け入れることが予想され、秩序ある受入れ体制をつくらないと、来日する外国人にも、受け入れる日本社会にとってもリスクや不安が増すと考えていた。

## 「民との協働」として、ソーシャルビジネスを始める

二〇〇四年、三重県の国際課の事業で「外国人コミュニティを支援するソーシャルビジネスを始めませんか?」という研修があり、参加した。その研修で、自分がとらえている問題意識が社会にとって課題であり、そのことに取り組むことで将来のリスクの軽減にもなり、課題解決をしていく意味があると感じて、二〇〇五年にＮＰＯ法人愛伝舎として活動を始めた。その頃三重県では、「民との協働」を掲げていて、ＮＰＯからの事業提案によって県とＮＰＯが協働するという事業を行っており、愛伝舎は携帯電話を使って電話通訳サービスを行う事業と外国人入居者が増えている県営住宅においい

て「生活ガイダンス」を行う事業を提案し採択されて、三重県との協働事業を行った。今では当たり前に使われている電話通訳だが、二〇〇五年に電話通訳サービスを事業として行う事業者はまだなかったと記憶している。また鈴鹿保健所管内で外国人の結核患者が増加していて、地元の新聞社が電話通訳サービスを行うNPO法人が三重県内で始まったという記事を掲載したことで、保健所の人がすぐに訪ねてきて、ポルトガル語とスペイン語の電話通訳が採用された。電話通訳と公営住宅での住宅ガイダンスの事業で、二〇〇七年経済産業省の「ソーシャルビジネス五五選」に選出された。愛伝舎は地域で活動する中で把握する課題に対して、解決への提案を行って行政と協働するという事業提案型のソーシャルビジネスとしてスタートをした。行政に事業提案をして協働して社会の課題解決をしていくというのが、愛伝舎の活動スタイルとなっている。

二〇年近く活動してきて、運よく（?!）仕事熱心で目的意識を共有できる行政職員に出会える時がある。「行政において、外国人への行政サービスの優先度は低い」と、はっきりそう言う人もいる。しかし、外国人への行政サービスは、社会の基盤づくり、安定にとっておろそかにできないものと認識して、一緒に事業を進める人がいると、具体的な事業が実現する。

## 政策提言　政治への働きかけ

愛伝舎を立ち上げてすぐに、旧民主党所属で三重県二区選出の中川正春代議士が外国人労働者問題に取り組んでいることを知った。行政に外国人支援を訴えても、「予算がない」と言われることが多く、また縦割り行政の弊害と担当者が数年で替わることで、継続的、包括的に外国人の課題を把握することは行政にはできないと感じることもあり、長期的に包括的に多文化共生を考えることができるのは政治家ではないかと思い、政治家による研究の機会を求めた。その後各地の政治家が検討を重ね二〇〇八年に、「みえ多文化共生を考える議員の会（代表世話人・藤田よしみ県会議員）」が設立された。私は設立から二〇一四年春まで事務局をやらせてもらった。三重県の津市、鈴鹿市、桑名市、亀山市、四日市市、桑名市など外国人が集住する地域の国会議員、県会議員、市会議員が超党派で参加して、定期的に会議を持ち、外国人の課題を吸い上げ、各自治体の調査を行い、議会での質問や行政への提言をするようになった。

外国人に関する課題を毎回報告し、そこから各議員が調査を行い、議会での質問をしている。リーマンショックでは失業した外国人の住居確保や、緊急雇用政策を三重県知事や、各自治体の市長に直接要望した。公営住宅の抽選会には多くの外国人が参加したが、その際に「抽選会は日本人優先だと思っていたら、外国人も公平に抽選させてもらって驚いたし、ありがたかった」と言う人もいた。三重県では日本語指導が必要な生徒の高校進学率は九五〜九七％となり、高校での日本語教育の充実が必要となって、各議員が外国人生徒の多い高校へ調査に行って、高校での日本語教師の加配や支援の要望もしていた。現在も「みえ多文化共生を考える議員の会」の活動は続いており、超党派で外国人との共生を考える政治活動が進んでいることはとても重要だと思う。

私が政治家に地域の課題として外国人の話をすることに対して、「日本は民主国家であり、政治家が議会で質問をすれば、我々公務員は、それに答え、場合によって解決に向けての取り組みをする。

ぜひ、政治への働きかけを進めて欲しい」と、言ってくれた行政職員もいて、私はＮＰＯとして政治家への働きかけも意識してやってきた。

## リーマンショックを機に

二〇〇八年のリーマンショックの際には、失業した日系人を対象にした介護人材育成研修を行った。二〇〇九年にＪＩＣＡの事業で行い、その後三重県の緊急雇用政策として七回、計八回の研修で外国人一二五人が「ヘルパー二級」を取得した。二〇〇九年以降に就労し勤続一〇年以上になっている人も多い。コミュニケーション能力が高く、人への接し方がやさしい人が多いので、介護の仕事で高齢者に好かれている話を耳にして、研修生の活躍をとても嬉しく思う。介護施設で働くことで、雇用が安定し、日本人と共に働き日本に溶け込んでいくように感じる。定住を決めた人達は、日本の学校に子どもを通わせ、高等教育を受ける、マイホームを購入する（中古も含む）など長期的ビジョンを持って生活設計をしているように感じる。製造業の派遣就労から、直接雇用になると日本人との交流も増えていくので、社会に根を張って暮らしていくのだと思う。外国人の高齢化も進み、今後介護の利用者も増えていく際、サービスの担い手としても更に貴重な存在になっていくだろう。

## 三重県児童相談センター「外国人家庭への対応強化業務」

三重県では、二〇一七年と一九年にブラジル人の子どもが虐待で命を落とす事件が発生した。外国人の増加に伴い、日本で生まれ育つ子ども達も増えており、児童相談所が対応する外国人家庭も増えている。そんな中、三重県児童相談センターの職員から外国人家庭への支援について相談があった。その方は、二〇〇五年に県営住宅の協働事業を担当してくれた方で、クレアの事業を三重県児童相談センターと愛伝舎で行うことができた。この事業で虐待防止に関するメッセージを三重県内に住む外国人に向けてFacebookで、九言語で四回有料配信した。また、鈴鹿市と亀山市の子育て情報の冊子（二四ページ）を、ポルトガル語、スペイン語、やさしい日本語で作成することができた。今日本で生まれる外国籍の子どもが増えており、多言語の母子手帳が配布されている。外国人家庭にも新生児訪問は行われているが、子育てに関する情報は日本語のみでの提供だけだった。県の事業で行ったが、鈴鹿市、亀山市のみの情報であり、今後他の自治体においても、妊娠から出産、就学までの子育て情報の多言語化、支援の充実がどの地域でも進んで欲しいと思う。そして現在は、鈴鹿児童相談所と北勢児童相談所で、愛伝舎のブラジル人とペルー人のスタッフが勤務して、外国人家庭の支援を行っている。困りごとを抱える人達への支援は行政だけでなく、私達市民団体が行う心理相談や子ども食堂、食糧支援などもあり、セーフティネットがうまく連動して強化されるようにと願っている。

## 新型コロナウイルス感染期において

二〇二〇年の新型コロナウイルス感染拡大において、外国人への情報の周知も大きな課題だった。

2021年9月　鈴鹿市営8団地の日系人入居者へ全戸訪問して、
新型コロナウイルスワクチン接種の案内をした

普段日本の報道に触れない外国人へどう伝えるか、行政も苦慮しており、行政から外国人への情報配信、感染予防の啓発について相談があった。愛伝舎ではFacebookの有料配信機能を使って、外国人に地域・言語を限定して情報配信をしていたので、三重県全域と鈴鹿市からの新型コロナウイルス感染予防やワクチン接種の情報を多言語で配信を行った（二〇二一年二月から、二〇二三年九月現在も継続中）。鈴鹿市では、二〇二一年ワクチン接種が始まるタイミングで、SNSの情報配信だけでなく、市営住宅八団地に住む日系人入居者約二二〇軒に全戸訪問をして、ワクチン接種の案内のポルトガル語、スペイン語のチラシを配布した。その後、鈴鹿市の医師会の役員をしているかかりつけ医から、「外国人への呼びかけを愛伝舎でやってくれたんだってな。外国人のコロナ感染が非常に多くて、ワクチン接種の呼びかけをどうやって広めたらいいか、困っていたので、本当に助かった」と言っていただき、とても嬉しく感じた。三重県も、鈴鹿市もかつて愛伝舎と事業に関わった職員が、コロナ禍において声をかけてくれて、NPOとして信頼して依頼してもらえることはとても嬉しく思う。

## 「外国人支援・多文化共生ネット」の結成

二〇一八年一二月に政府が策定した「外国人材との共生のための総合的対応策」に、「外国人支援団体のネットワークの構築を支援する」（施策番号一六番、法務省等関係省庁）があった。この施策に目を付けた名古屋出入国在留管理局の藤原浩昭局長（当時）から、東海地区の市民団体のネットワークの構築の打診が坂本にあった。藤原局長は外務省から出向された方で、かつて外務省の外国人課長時代に愛伝舎の介護研修の視察に来ていただいた。この提案を受け、東海三県の市民団体に働きかけ、「外国人支援・多文化共生ネット」を結成し、名古屋出入国在留管理局と市民団体が連携することができるようになった。この活動を評価した出入国在留管理庁の佐々木聖子初代長官から令和二年に感謝状をいただいた。年に一回名古屋出入国在留管理局で、各団体の活動報告と提言を行う機会を持つことができ、各団体の活動現場に入管の職員が視察をする機会も頻繁にある。市民団体が国とチャンネルを持つことの意味も感じている（二〇二二年は、入管庁在留支援課との意見交換会を実施）。長年外国人を管理する行政をやってきた入管が、「在留支援」に取り組むようになったことは、大きな転換だった。令和三年にはスリランカ人のウィシュマさんが収容中に亡くなるという残念なことが起こり、私達市民団体が入管と連携する意味を改めて考えた。入管の担当職員に各団体の活動現場に足を運んでもらい、地域で働き暮らす外国人の生活を意識的に感じてもらうことで、「外国人への印象やとらえ方が変わった」という職員もいた。「管理」と「在留支援」を両輪として、入管行政を行うと転換されて、入管と連携する市民団体としては、より良い「在留支援」に向けて、国への提言を行っている。

## 妊娠期から就学前の子育て環境の調査、研究

「外国人支援・多文化共生ネット」は、二〇二一年度のトヨタ財団助成事業に応募し、「妊娠から乳幼児育児施策および外国人保護者の受入れ状況の調査研究と啓蒙活動による安心して出産・子育てできる社会づくり」の調査研究を行った。かつて二〇年ほど前に小学校の国際教室で講師をしていた時に、複数の言語、文化の背景の中で育つ際の、言語習得、学力の定着の難しさを感じていた。国際教室では教師が日本語の教材の作成に工夫を凝らし、試行錯誤していたが、教師側が教材を工夫し一人一人の子どもの学力に合わせて授業に取り組んでも、子どもの中に考える力が育っていなければ学力の向上は難しいということを感じた。当時は南米から来日したばかりで日本語ができない子ども達の指導が多かったが、徐々に日本生まれの子ども増えて、日常会話は話していても学力が向上しにくい、また特別支援学級に在籍する子どもの多さも明らかになっていった。自分に孫が生まれたことで、赤ん坊が周りの家族の話を聞きながら、言葉を発し覚えていくプロセスを見ながら、小学校入学する前の時期の重要性を改めて感じていた。そこで、「外国人支援・多文化共生ネット」のメンバーに働

2022年12月　外国人支援・多文化共生ネットと入管庁在留支援課との意見交換会

きかけて、トヨタ財団の事業に応募した。「妊娠から乳幼児育児施策および外国人保護者の受入れ状況の調査研究と啓蒙活動による安心して出産・子育てできる社会づくり」事業では、東海三県の市民団体によって一四地域一三の自治体で、外国人の子ども子育て環境について調査研究を行い、報告書を作成した。日本で生まれる子どもの数が年々減少する中、外国籍の子どもの出生数は増えており、国籍も多国籍化している。技能実習生制度の廃止などが議論されているが、「技術・人材・国際業務」の在留資格（以下　技人国ビザ）の人は増え、家族帯同できる在留資格が増えていることはあまり知られていない。

また自治体では、戸籍課が人口のデータを持っていても、在留資格ごとの違いや国籍別年齢別のデータを行政の施策に反映するように把握しているようには思えなかった。

令和四年一一月には、自見はなこ参議院議員と山田太郎参議院議員主催の「ChildrenFirst子ども行政のあり方勉強会」で外国人の子どもについて話をする機会をいただいた。その際「家族帯同できる在留資格が増えていることは知らなかった」という声もあり、政策決定の場に、地域で起きていることを伝えていくことは重要だと思った。この調査研究で、日本で出産する外国人が増えているが、妊娠から出産、子育ての支援が十分に多言語対応されていないこと、外国人の乳幼児健診の受診率が把握されていないか、日本人より低いという実態もあり、必要な療育の支援が受けられていないという状況などが明らかになった。今後も日本で生まれる外国籍の子ども達の増加は予想されるが、学校現場では多様な国籍の外国人の子どもが学校に入ってきてから対応が始まることが各地で起こるのではないかと危惧している。学校の教員の激務が言われているが、今後外国籍の子ども達の日本語指導や、不安定な家庭背景を持つ子どもへの対応など益々学校現場に求められることが増えていくのではないか。

子どもの出生数が減る中、外国人の子ども達は増えている。母国を離れて身内縁者の支援のない子育て環境や情報不足にある現状を想定して、社会全体で子育て支援をしていく体制づくりが求められている。

## 外国人生徒へのキャリア教育

愛伝舎を設立した当時、日系人の子ども達の高校進学は少なく、中学を卒業して親と同じ派遣会社で働く生徒は多かった。進学するにしても定時制高校というケースが少なくなかった。リーマンショックで、帰国するか日本に残るかの選択が迫られ、日本定住を選んだ人達は、「日本でずっと暮

三重県立飯野高校での外国人生徒キャリアセミナー開催

らすのだから日本の高校に行くのがいい」という状況に変わっていったように思う。鈴鹿市には三重県立飯野高校があり、英語コミュニケーション学科に多くの外国人生徒が在籍して、大学や専門学校に進学する生徒も増えていった。愛伝舎では二〇一三〜一九年に「夢の懸け橋奨学金」事業を行い、進学する生徒への支援を行った。今社会人となり、派遣ではなく正社員として企業で働く人、三重県の公立高校の英語教師となった人などがいる。愛伝舎では三重県立高校二校で外国人生徒向けのキャリアサポート事業を二〇一九年から行っている。三重県教育委員会では、就労支援員が正規雇用に向けての支援を学校と協力して行っているが、高校卒業後正規雇用で働いて受け取る収入より夜勤残業の多い派遣就労で受け取る収入の方が多いため、派遣就労を選ぶ生徒が少なくない。保護者の多くは派遣就労で働いており、親と同じところで働けばいいと考える人も多く、生徒だけでなく保護者も、正規雇用と非正規雇用の違いを知らず、生涯賃金、年収、社会保障の違いを知らないことが多い。また、日本語力に自信がないため、日本人の中で働くことに不安があり、正規採用後に辞めて、派遣就労に変わるケースもあると聞く。

また三井物産株式会社の社会貢献事業で、愛伝舎は愛知県と三重県のブラジル人学校でのキャリア教育を行っている。東海地区は自動車産業が盛んなため、定住資格のある南米からの日系人が多く、時給にすると一三〇〇〜一八〇〇円くらいの求人が中心で、他の在留資格の外国人労働者より高い収入を得やすいため、長期的な将来設計をして安定した収入を得る働き方を得ようという考え方を持ちにくいように感じる。しかしリーマンショックや新型コロナウイルス感染拡大期では、派遣就労の人達は失業したり、収入減になる人が多く、新型コロナ特例貸付金の外国人利用者の数が大変多くなった。出稼ぎとして短期就労のつもりで来日してそのまま定住した多くの人が、派遣就労で働き日本語の学習も日本の社会のルールや制度も知ることがなく、同じようなことが繰り返されていることに、大変失望し、危機感を覚えている。一九九〇年の入管法改正から三〇年以上が過ぎた。そして近年新たに来日する外国人の国籍や在留資格が多様化し、〝ニュー・ニューカマー〟が激増していて、課題の検証や経験の積み上げが少ないまま進んでいることに戸惑っている。

二〇二一年の夏、この地域でも外国人コロナ感染者が多くなり、外国人コミュニティに不安が増していた。愛伝舎は情報提供に取り組んでいたが、鈴鹿市でもＳＮＳや多言語でのフリーペーパーで情報提供を行っていた。しかしある外国人から「自分達には支援が届かない、日本の社会から置き去りにされているように感じる」という発言があった。「鈴鹿市では、いろいろなところに多言語情報を配布していて、届けていますよ」と伝えると、「それは知っているけど、みんな持って行かないよ！」

と言う。自治体や市民団体が様々な行政サービスや支援の取り組みをしているが、ギャップが埋まらないのを感じている。移民政策として入り口で外国人を受け入れる政策がないまま、外国人が増え続けている。技能実習生は管理組合の監督下にあるが日系人や技人国ビザで定住できる人達は、日本の社会の制度やルールを知らないまま、地域の一員となっていく。外国人生徒の進学率も上がり、安定したキャリアを積んでいく人は増えていると感じてはいるが、日本語を習得せず、不安定な雇用で困窮している人も少なくない。生活困窮、DV、虐待、など様々な困窮を抱えている人達に出会うことが多い。NPOの現場では、この三〇年の検証もないまま新たに多くの外国人を受け入れ、多国籍化して、在留資格も多様化している現状であり、このままどうなっていくのだろうと危惧しているのは、私だけではないだろう。

## ネットワークの構築　連携と協働

愛伝舎は三重県との「民との協働」で、活動を始めたこともあり、行政と協働できる活動を意識して行ってきた。そして、近年は他の市民団体との連携にも力を入れている。東海三県の市民団体で結成した「外国人支援・多文化共生ネット」だけでなく、鈴鹿市内の市民団体との連携も進んでいて、愛伝舎単体でなく、子ども食堂、不登校支援、発達相談など各団体の特徴や強みを生かしたネットワークの中で困窮者を支援している。この分野に長年取り組むNPOは、経験の積み重ねと人脈を持っており、担当者が数年で替わる行政と違う強みであり、行政・市民団体の連携が欠かせないと思う。

二〇年近く活動をしてきて、人口減少が加速する中、外国人との共生の必要性を訴える声は大きくなっている。「人口が減るから外国人に来てください！」という流れになっているかと思うが、日本の都合だけで考えるのでは、外国人にとって暮らしやすい社会にはならない。三重県で暮らしてみて、この地域で出会う人がとても寛容で温かい人ばかりだと思っている。長年お伊勢参りにくる全国からの人を受け入れてきた歴史が、三重県の寛容な風土をつくってきたのではないかと思えて、多文化共生社会を進める土壌があると考える。

これまで福祉的な支援が主だった活動であったが、今後三重県在住の外国人と共に伊勢神宮や熊野古道を発信していきたいと考えている。日本で教育を受けて、定住を選んだ若い人達の中には日本社会の支援に感謝する人達も少なくない。世界遺産に登録されている「道」は、熊野古道とスペインの巡礼の道「サンチャゴ　デ　コンポステーラ」の二か所で、スペイン語を話すペルー人の若者と熊野古道の発信を、忍者が人気のブラジルには、在日ブラジル人の若者と伊賀忍者の発信を進めて、世界との懸け橋になってもらい活躍してもらいたいと思っている、いよいよ「多文化共生社会の実現」に向けての活動に取り組める時期が来たのかと、ワクワクしている。

日本に暮らす外国人との共生が、「多様性が豊かな社会」づくりには不可欠だ。そのための取り組みを今後、加速して進めたい。

**坂本久海子（さかもと・くみこ）**

一九九三〜九八年にブラジル滞在。二〇〇二年より鈴鹿市の小学校の国際教室で非常勤講師として教育だけでなく、外国人の不安定な生活状況に接する機会が増え、二〇〇五年にNPO法人 愛伝舎を設立。外国人との共生社会づくり、外国人の自立支援に向けて、日本語教室、介護研修、キャリア教育、各種相談対応などを行っている。二〇一九年東海三県の市民団体と「外国人支援・多文化共生ネット」を結成し、代表に就任。名古屋出入国在留管理局と連携し、国への提言活動にも取り組む。

コラム

# 熊本地震での多文化パワー

八木　浩光（一般財団法人熊本市国際交流振興事業団常務理事）

## はじめに

二〇一六年四月一四日（木）午後九時二六分、一六日（土）午前一時二五分、震度七を超える地震が立て続けに熊本地方を襲った。その後も数え切れない余震が続く（熊本地震）。

熊本市の防災計画で外国人避難対応施設になっている熊本市国際交流会館（以下、会館という）は、一回目の地震後一五日（金）午前一時に避難所を開設し、その直後に韓国人三名、日本人一名が避難して来た。同日は通常の貸し館業務を中止し、避難所運営と施設設備の安全確認を行い、翌一六日（土）から通常業務の予定だったが、真夜中に再び凄まじい地震に襲われた。停電・断水・ガスが止まる等ライフラインが寸断され、家屋破損も多数、地割れで公共交通機関はすべてストップし、熊本地方は陸の孤島化した。同日午前四時、会館に再度避難所を開設し、四月末まで二四時間連続の避難所運営が始まった。夜が明け朝のうちから、一刻も早く熊本を離れたい海外からの旅行者が交通情報収集に駆けつけ一時は騒然となった。宿泊した被災者数は最も多いときで外国人三八人を含む一四七人。熊本県外への公共交通機関が再開し始める四月一九日頃までは三〇人以上、その後も水道・ガスが回復し始める四月末頃まで二〇～一〇人の外国人被災者が不便な避難生活を余儀なくされた。

本コラムでは、会館避難所、ならびに国際交流や多文化共生を担う自治体の外郭団体である九州地域の地域国際協会や多文化共生について専門研修を受けた多文化共生マネージャーの全国協議会より派遣されたスタッフと協力して巡回した熊本市内の避難所での外国人被災者の様子や行動を紹介するとともに、外国人コミュニティとの連絡経緯から、災害弱者とされる外国人の潜在的能力が発揮され、地域を勇気づけ、大きな助けとなった「多文化パワー」について紹介する。

## 外国人コミュニティの〝自助〟行動

最初の震度七の地震発生からまもなく筆者の携帯電話が鳴った。熊本大学のバングラデシュ人から「数人の仲間とスーパーの駐車場にいるがどうしたらよいか？　今後の地震は？」と問われ、最寄りの避難所（小学校）を紹介し、とにかく落ち着くように話した。二回目の激震時は、こちらから直ぐに電話を入れた。二晩を屋外で過ごした彼らは安心して避難できる頑丈な建物を探していた。当初小学校に避難したが、人がごったがえし、断水、また情報は日本語のみで、不安を感じた。一緒にいた妊婦には大きなストレスとなったという。彼らは励まし合い共に行動し、七階建ての構造を心配しながらも会館に避難してきた。英語での情報提供に少し安堵し、イスラム教徒である彼らのお祈りの場所を確保し、豚肉やアルコールをとらない戒律に対応し自ら料理できるガスレンジを用意したことで安心したようだ。ＪＲローカル線が動き出した四月一九日（火）、彼らの殆どは福岡へ移動していった。バングラデシュでも地震は起こるが、震源地はインド、パキスタン、ネパールなので、今回程の激震はないという。彼らにとっては、地球最後の日とでもいうべき恐怖であったに違いない。同様に多くの留学生が熊本県外の友人を頼り、あるいは母国へ一時避難した。

外国人妻の会の代表は八〇人以上のメンバーに電話し、全員の無事を確認した。熊本フィリピン人会の代表やベトナム人コミュニティのリーダーはメールでメンバーの無事を確認した。中国や韓国の領事館は、自国民の安全を確保するため、熊本県外への専用バスをチャーターした。アメリカ、フィリピン等の大使館・領事館は自国民の安否確認やカウンセリングに職員を派遣した。

### 外国人コミュニティの〝共助〟活動（会館避難所で）

会館避難所には、一歳に満たない子どもを連れたフィリピン人やタンザニア人の家族がいた。また、出産五日後に産院より直接避難して来たバングラデシュ人の家族やスリランカ人の妊婦がいた。

彼らを支えたのは同じ外国人被災者であったのだ。日本語研修中に被災した中国人技能実習生十数名は来日してまだ数週間だった。避難所では不安をまぎらすように日本語学習をした。そして、いつの間にか気づくと、子どもたちのお世話係りになっていた。お母さんには頼もしい存在であり、しばしの休息がとれ、笑顔が戻ってきた。無邪気な子どもたちは走り回り、機嫌が悪いと泣き出すこともあるけど、避難所の愛くるしいアイドルとなった。みんなで掃除をしたり、昼食のおにぎりをワイワイがやがや作ったりが日常活動となった。

当初、会館が指定避難所でなかったことから、食糧・毛布等の物資が届かない？という不安があり、インターネット等で支援を要請した。民間人権擁護活動団体「コムスタカ～外国人と共に生きる会」の協力で、毎日炊き出しを行い、温かい食事や不足がちな野菜を十分に提供できた。リッチモンドホテルグループよりハラール認証の弁当四〇〇食ほかが届けられた。さらに、全国の多くの支援・協力者からお米、カップ麺、オムツや生理用品等の支援物資をいただいた。この場を借りて、心より感謝申しあげる次第である。

炊き出しでは、前述の中国人技能実習生たちが中華料理を作ってくれた。日頃から会館を利用しているフィリピン人グループがフィリピン料理を、スリランカ料理店がスリランカカレーを作りに来てくれた。サラダの盛りつけ等の食事準備から食後の皿洗いまで外国人被災者も協力して行う関係が生まれ、会館避難所には理想的な多文化共生社会の縮図があった。不安な気持ちを素直に話せるようになり、車中泊を続けているフィリピン人は、睡眠中、頭の真横にテレビが倒れてきたショックで、夜になると

熊本市国際交流会館に避難したタンザニア人の家族

中国人技能実習生たちによる炊き出し

恐怖がよみがえり家に入れないと涙ながらに話していた。いろんな気持ちを受け取り、このような「こころのケア」に繋げることが重要となっている。その後、会館では、外国人被災者のための生活相談会を、五月一日（日）を第一回目として長期的にわたり開催していくことになる。

## 外国人コミュニティの〝共助〟活動（会館外避難所で）

会館外の避難所では、熊本大学の体育館に多くの留学生が避難していた。被災者の大多数が外国人であったが、彼らは、ヨガやゲーム等を行う活動時間割表を作るなど、そこには誰一人排除しない多文化共生社会があった。

熊本イスラミックセンター（モスク）には、全国のイスラム教徒から支援物資が届き、熊本県内の避難所に支援物資を配って回った。坂の上に避難所がある地域では、高齢者が避難所まで重たい水をもらいに行けない状況があったので、彼らは、一軒一軒、ペットボトルの水を配って歩いた。

一方、いくつかの避難所で、外国人被災者がいつの間にか消えたという話を聞く。イスラム教のパキスタン人家族は、配給される食料の説明を受けられず出て行った。避難先の体育館の安全性に問題が見つかり閉鎖となったとき、中国人一〇人程度が突然消えた。彼らに正確な説明はあったのだろうか？疑問が残る。

また他には、無口だった中国人の老夫婦を、中国語が話せる相談員が訪問、母語で語りかけたら、一斉に話し始めたことがあった。避難所の管理者は、初めてこの夫婦の笑顔を見たという。

## 減災は日頃の交流から

熊本県外の地域国際化協会や多文化共生マネージャー全国協議会より派遣されたスタッフやボランティアのみなさん、またマスコミ関係者から、外国人被災者の存在が明確で支援対応がうまく進められている、とお話しをいただいた。東日本大震災等で積み上げられた彼らのノウハウや多言語翻訳・避難所巡回への協力によるところが大きいが、平時からの外国人との信頼関係構築が重要であったことを再認識した。ここで会館避難所や災害多言語支援センターを運営した熊本市国際交流振興事業団の多文化共生社会づくりの取り組みについて少々紹介したい。

大きな柱は、日本語支援事業、多文化共生のまちづくり（多文化共生オフィス運営と地域サポート）事業、外国人のための防災事業、外国ルーツの子どもの教育支援事業の四つである。

このうち多文化共生のまちづくり事業では、日本語が十分でない在住外国人が日本人と同じように行政サービスを受けられるように、赤ちゃんが生まれた全家庭へ保健師等が訪問し母子の健康状態を確認する「こんにちは赤ちゃん訪問」事業において、外国人家庭には通訳を派遣している。彼らの母国と違う日本の予防接種や離乳食を説明して安心を届けている。会館での日本語教室を案内する機会でもある。

また、日本語支援事業は、ゼロ初級者あるいは日本語を学習したことがない在住外国人が日本語の専門家から一日六時間、五日間で日本語の基礎を集中的に学習することができる「日本語初級集中講座」と日本語支援ボランティアと楽しい日本語のおしゃべりをする「くらしのにほんごくらぶ」から構成される。「くらしのにほんごくらぶ」は、毎週火曜日（午前）、水曜日（午前、午後、夜間）、日曜日（午前、午後）の三日間開催し、個人やグループごとに学習者のニーズに合わせた日本語学習が行われる。多いときは、学習者、ボランティア合わせて五〇人を超える。花見、月見、忘年会等季節ごとの交流会を行ったり、悩みごとの相談の入口になったりしている。学習者同士のおしゃべりは、在住外国人の繋がりを広げていく。例えば、イスラム教徒との繋がりではラマダン（断食月）のイフタール（夕食）に招待されたりフィリピン人会との繋がりではマリアフェスティバルに参加したりと、日頃の信頼関係構築を大事にしている。

## まとめ

さて、外国人被災者に今後の不安を尋ねると、居住とこころに関することが多かった。これらは被災者誰もが抱えることであるが、外国人にとっての課題の一つは、情報が日本語しかないという言葉の壁であった。災害多言語支援センターでは、災害支援情報を英語、中国語、韓国語に翻訳したが、外国人被災者に確実に届け、理解してもらうことは、さらに大きな課題である。また、り災証明書の申請・交付や住宅の申込手続等は、専門用語も多く、手助けなしの理解・手続は難しい。さらに、在留資格制度下の外国人被災者は、地震で失業したり、居住をなくしたりすることで、不安定な立場に追いやられてもいる。

一方、前述の通り、外国人被災者は、避難所・被災地を力強く支える存在であった。彼らの「多文化共生パワー」は言葉の壁を乗り超え、地域との繋がりが構築されることで開花する。外国人被災者のこころの不安も、日頃から地域と繋がりがあれば、和らげることができることが証明できたのではないだろうか。

※熊本市の在住外国人は、二〇一六年四月一日現在、総人口七三万二七八〇人中、四四九七人。国籍は中国、韓国・朝鮮、フィリピンが、在留資格では永住者、留学、日本人の配偶者等が多い。

**八木浩光（やぎ・ひろみつ）**

一九六一年、熊本県生まれ。青山学院大学卒業後、専門商社でVR（バーチャルリアリティ）のマーケティングを行う。一九九七年四月より二〇二二年三月まで一般財団法人熊本市国際交流振興事業団に勤務。二〇一六年熊本地震時には、多言語対応避難施設及び災害多言語支援センターの設置運営を行う。

二〇二三年一二月現在、同財団常務理事として多文化共生及び地球市民・人づくり事業分野の人材育成を行う。他に、熊本大学教育学部及び多言語文化総合教育センターの多文化共生関連講義を担当（非常勤講師）。

# 第五章

# 自治体移民政策への道

本章では従来の多文化共生の限界を踏まえた上で、自治体として外国人の受け入れを積極的に進める「移民政策」を提言する。本来、移民政策は政府がとるものであるが、人口減少に苦しむ自治体が独自の立場で外国人の受け入れを積極的に進めるための政策を「自治体移民政策」と本書では称する。その内容として「外国人誘致政策」「地域社会へのソフトランディング政策」「潜在能力の活性化政策」等を提示し、さらに政府の政策を先導する役割について検討する。

## 多文化共生の限界

自治体の行う各種の事業、活動の中で国際交流・国際協力活動は異質な活動であった。それは法律や条例など、法規に基づく自治体の諸活動の中にあって、これらは、自治体の独自の裁量によって自発的に実施されてきたからである。多文化共生の活動についても全く同様のことが指摘できる。国の指示を受けることなく、自治体は地域社会に発生する課題に対して独自に取り組み、政策的な体系を徐々に整えてきた。地域に住む外国人を単に管理する対象としてではなく、地域住民の一人として認め寄り添ってきたことは、大いに評価されてしかるべきである。

しかし、自治体がとってきた多文化共生の政策の多くはいくつかの大きな限界がある。一つは在留外国人に対する活動が支援に偏りがちであるということである。これは地域に住む外国人の多くのニーズに応えることから生じており、決して悪いこととはいえないものの、彼らをコミュニティの中の弱者として位置づける傾向があり、彼らの持つさまざまな可能性については十分な認識があるとはいいがたい。

　中長期的に見れば彼らは日本社会に大いに貢献する存在となる可能性を秘めているが、一部には例外があるものの定住する外国人に対して、彼らのコミュニティへの貢献を積極的に引き出すことへの視点が不十分で、そのための活動が十分に行われてこなかった。

　また地域に住む外国人の役割や重要性についての理解を一般市民に求めることも多文化共生の役割の一つと考えられるが、そうした活動は不十分なレベルに留まっている。多くの自治体で行われているのは、在留外国人の出身国の文化を一般住民に紹介するイベントである。同様のイベントは全国各地で行われているものの、一般市民に対する浸透力が弱く、関係者中心のイベントになっている例が多い。つまり一般市民の間では「多文化共生」は馴染みがなく、外国人住民は存在していても、繋がりや認識が乏しく、目に見えない存在のままとなっている例が多い。

　こうした点についての問題意識を持つ自治体がないわけではない。愛知県では二八万人を超える外国人県民がおり、日本人と外国人県民が一緒に地域づくりに参加することが重要と、毎年一一月を多文化共生月間と定め、多文化共生シンボルマークを定めている。そして一一月には多文化共生に関する理解の促進や、日本人県民と外国人県民との交流の推進に向けての普及啓発のための映画祭や人権セミナーなど多彩な活動が行われている。また同様の活動は長野県や熊本市、北九州市でも行われている。しかしながら、こうした地域においても現在の時点では、多文化共生の理念は、一般市民に幅広く普及しているとはいえず、より一層の普及活動が求められる。

　また市町村や都道府県の自治体の守備範囲にも関連する問題として、在留外国人の労働面での活動が手薄い状況にある。これは労働政策については自治体よりも都道府県労働局（労働基準監督署、公共職業安定所）が直接、関わっているためである。なお東京、大阪、名古屋、福岡には厚生労働省の外国人雇用サービスセンターが設置されている。

さらに、多文化共生政策は従来、国際交流の政策体系の一部として行われてきたため、自治体の産業政策や人口政策との繋がりが希薄である。在留外国人をどのように地域の産業の発展に結びつけるのか、あるいは人口減少が続く中で、人口ビジョンと関連づけて在留外国人の増加をどのように図るかの議論は十分に行われていない。

また、自治体の財源が厳しくなる中で、自治体内での多文化共生のプライオリティは高いとはいえず、その結果、予算削減の対象となりがちである。多くの自治体では最低レベルの活動を維持しようとする意欲は見られるものの、財源の不足は事業活動の削減や質的な低下に結びつきやすい。

つまり、人口減少が進む中で、本来極めて重要なリソースであるはずの在留外国人は、これまでの自治体の中では必ずしも重要な存在として位置づけられてこなかったのである。

## 多文化共生は福祉政策か？

政府の包括的な移民政策がない中で、自治体の行ってきた多文化共生政策は首長の十分な理解や積極性がなければ、不十分なレベルに留まるケースも多い。

外国人の抱える問題に焦点を当てて多文化共生を考えるとすれば、在留外国人が地域社会からいなくなれば、彼らが抱える問題も消滅し、すべて課題は解決することになる。また多文化共生はこれまで、地域社会の在留外国人が増えることを前提としての対策として講じられてきているものの、在住外国人の増加を目指すための政策として行われていない。根源的な課題、すなわち外国人が増えることがよいことなのか、悪いことなのかという基本的な問題に対して多くの自治体は答えを持っていないのである。現行の多文化共生政策の立場からすれば、在留外国人が減ったとしても積極的に増やそうという姿勢には繋がらない。

しかし、人口政策と多文化共生が結びつけば、在留外国人増加は望ましいこととなる。各地域で人口減少と超少子高齢化が地域社会の存続を危ぶませるほどの負のインパクトを持ち得ることの予測がなされている以上、在留外国人の増加を実現するための政策が行われるべきである。

一方、外国人であればどのような外国人であってもよいわけではないのは自明である。日本に定住することができる在留資格を持ち、日本の法規を順守し、健全な社会生活を営む住民であることが前提であることは論をまたない。彼らは地域社会の中で、あるときは労働に従事し、交通、学校などさまざまな社会インフラを利用し、またあるときはさまざまな商品、サービスの消費者として、また納税者あるいはボランティアとして社会に貢献する存在である。

合法的に定住できる外国人であっても自治体がその受け入れを躊躇するのは、それは外国人犯罪を恐れたり、あるいは社会給付の増加を恐れたり、あるいは一般住民の無理解を危惧するからだと推測される。

外国人の犯罪について、警察庁刑事局組織犯罪対策部による令和四年来日外国人犯罪の検挙状況を見てみよう。これによれば、外国人による刑法犯の検挙件数は平成一八年から減少に転じ、二九年には一時的に増加した後、三〇年から再び減少し、令和三年は一万四〇五〇件（前年比三・三％減）となった。在留外国人の増加が犯罪件数の増加に繋がっていないことは明らかである。

一方、単なる犯罪に留まらずテロを警戒する声もある。二〇一五年一一月のパリ及び二〇一六年三月にブリュッセルで発生した同時多発テロは、イスラム国（ＩＳＩＬないしＩＳ）の戦闘員と見られるテロリストによって引き起こされた。難民に紛れてヨーロッパに潜入したとの指摘や欧州への移民がテロに関わったとの報道がなされ、難民、移民に対する世界的な警戒感が高まる状況が発生した。

難民についていえば、国境管理が間に合わないほど大量の難民が押し寄せ、それに紛れて一部のテロリストが入り込んだ可能性が指摘されている。一方、日本では厳しい入国管理が行われており、また難民については先進国の中で異質なほど認定数が少ない。二〇二二年の日本の難民認定者は過去最多の二〇二人となる一方で、難民不認定とされた人の数は一万人を超えており、極めて厳格な審査が行われている。もし、テロリストが日本への入国を目指すのであれば、難民としてではなく、入国が容易で年間二〇〇〇万人近くの外国人が入国する一般海外観光客を装うはずであり、日本において難民の受け入れとテロとを結びつけるのは全く的はずれであるといえる。

ホームグローンテロと呼ばれる移民の引き起こすテロについての懸念は日本では該当するだろうか。日本では各自治体やＮＧＯ、ＮＰＯ、市民団体によって多文化共生の活動が行われ、先の減少する犯罪件数に見るように治安上の不安は極めて少ない。治安の面から見れば、過度に外国人住民の増加を恐れる必要はなく、また多文化共生の充実がその防止の上で必要不可欠な意味を持つと考えられる。

## 多文化共生はコストに見合うか？

外国人の増加は社会給付の増加を招く、また日本語教育などのコストが必要との懸念もあるだろう。社会給付の増加については、日本に在住する外国人は高齢化が進む日本人の人口と比べて年齢層が低く、働き盛りが多いことなどから、本来、過度の心配の必要はないはずである。しかし、一部の外国人が集住する自治体では、生活保護の受給者や税金の滞納者の割合が日本人より外国人の方が多いことなどが指摘されている。これは、日本での就業に不可欠な日本語教育を満足に受けていない外国人が多いことと関連している。日本語能力の不足のために、低賃金の労働や派遣やパートタイマーなど不安定な労働条件に甘んじている外国人が多いことがその理由と考えられる。在留外国人に対する日本語教育が徹底されていないことが根底の問題としてある。

また、外国人の日本の社会保障サービスただ乗り論という議論がある。外国人が不当に医療サービスや生活保護を受けているという議論である。その議論は誤解に基づく面もある。逆に、在留する外国人労働者が税金、社会保険料を給与から天引きされて払いながら、日本語の読解力不足、日本のシステムに不慣れなために、ただ乗り議論とは逆に、本来受けられる各種サービスを受けていない例も極めて多いと考えられる。

彼らの潜在力をフルに発揮するための日本語学習環境、労働環境等を整備することにより、彼らの地域社会への貢献は飛躍的に伸びることが期待できる。多くの国において移民への教育等の投資は十分にペイすることが実証されており、ドイツなど外国人の可能性を高く評価し、在留外国人に言語教育を義務づけている国もある。人口減少によって日本の地域社会の存続自体が危ぶまれる状況の中で、外国人に日本で活躍できるための環境をつくることは見返りの多い投資であり、自治体にとって必要不可欠な選択といえよう。

## 自治体の移民政策とは

各自治体はこれまで多文化共生政策を実施してきた。しかし、人口減少という地域社会の存立の危機ともいえる状況の中で、外国人を地域社会の不可欠な構成員として受け入れ、より活発な参画と貢献を求める政策が必要とされている。

人口減少の時代に求められるのは、外国人を積極的に活用し、彼らの力を借りて地域の再生を図ろうという視点である。それは単に個々の外国人の生活の利便性を高めるに留まらず、地域社会の発展に繋げる視点から彼らの潜在力を発掘し、彼らの活躍を引き出し、拡大させるための政策といえる。また単に外国人が定住するのを待つのではなく、地域社会に貢献する外国人を積極的に受け入れ育てる姿勢を内外に示す必要がある。その政策こそが自治体としての外国人定住化政策であり、国際的なスタンダードからすれば、移民政策ということができる。

自治体に定住する外国人を招き入れ、地域の発展の糧とするための政策をあえて「自治体移民政策」と呼ぶのは、従来の多文化共生の枠組みを超えて、在留外国人を地域社会に積極的に受け入れ、彼らと共に地域発展を目指そうという姿勢を明確に打ち出す必要があるからである。人口減少に直面している自治体にとって、従来の枠を超えてより積極的に在留外国人の活躍を引き出すとともに、その定住化を促進するための政策が求められるのである。

移民についての国際的に合意された定義はないが、一般には国連による「通常の居住地以外の国に移動し、少なくとも一二か月間当該国に居住する人」とされている。しかし、本書では、移民を「国境を越えて他国に移住し、そこで生活基盤を確立しようとする人」と定義づけたい。そして移民政策を移民を海外から日本に受け入れるための枠組みと受け入れ後の社会統合のための政策（ソフトランディング政策）、さらに自国民の啓発や外国人との交流活動を含むものと位置づけたい。

もちろん、移民政策は海外からの人材を受け入れるものであり、国の政策として行うことが本筋であることは間違いない。しかし、これを人口減少に苦しむ自治体の立場で考えれば、合法的に来日し、日本で居を構える外国人に対して、彼らを積極的に地域社会に迎え入れ、彼らを地域社会の貴重な構成員の一員として迎え入れることは当然といえるだろう。カナダやオーストラリアでは政府の移民政策に加えて、地域の労働市場を勘案して、各地域が必要とする人材のあり方を検討し、州政府が必要とする人材を検討し各地域の移民受け入れ枠を定めている。そうしたことを考えれば、日本の自治体が自らのニーズに沿って移民政策を構築することは必ずしも突飛なこととはいえない。

自治体の移民政策とは「移民を地域住民として受け入れ、彼らの社会統合を進め、彼らの活躍する基盤を整えるとともに、住民への啓発や外国人との交流を促進するもの」と捉えることができるだろう。

これは、外国人が創造性を引き出す上で必要な新たな知識や経験、アイデア、価値観を持っており、そうした異質な人々との対話や議論の中から、既存の枠を超えたイノベーションが生み出されると考えられるからである。同質性の高い日本人だけのグループでは、円滑なコミュニケーションを取ることはできても、独創的なアイデア、社会規範を揺るがすような抜本的な変革は生まれにくい。外国人に、単なる不足する労働力を補うだけの存在ではなく、日本社会の変革を導く「触媒」として注目し、それを顕在化させる取り組みが必要なのである。

しかもそれは在留外国人一世に限らない。彼らの子どもたちも含めて考える必要がある。子どもたちは親世代の価値観と同時に日本で親が経験してきた苦労を直接知るだけでなく、彼ら自身は日本社会に自己のアイデンティティを確立しようとする世代である。子どもたちこそが並はずれたバイタリティと潜在力を持つ。それはアメリカの例では、ヤフー、アップル、グーグル、アマゾンの創始者が移民一世、二世であることを見れば明らかである。そうした可能性を持つ子どもたちをどう育てるのかも、自治体の移民政策にとって極めて大きな課題といえる。

それでは自治体の移民政策としてどのような内容が必要であろうか。

それは三つの柱から成る。一つ目は日本に在住している外国人を地域に呼び込むための政策である。外国人にとって自らの地域が魅力ある地域であることを積極的にアピールするための政策である。これを「外国人誘致政策」と呼ぶ。二つ目の柱は安定的な定住を可能にする政策であり、これは従来型の多文化共生を土台とするもので地域社会への「ソフトランディング政策」と呼びたい。三つ目は在留外国人の活力や潜在力を引き出すための政策である。これを「活力促進政策」と呼ぶ。

まず地域社会にとって望ましく、貢献を期待できる外国人の増加を目指すにはどのような政策が必要であろうか。外国人が特定の地域に住むのは日本人同様、仕事や学業などのためである。彼らを呼び寄せる産業・経済的もしくは教育的な基盤が地域社会になくてはならない。

二〇一五年度、国土交通省は「外国人が生活しやすい町づくり」のために金融面での支援の実施を決定した。外国語が通じる病院やインターナショナルスクール、美術館などの建設を対象に借入金利の一部を補助するという制度である。再開発を手掛ける事業者がこの制度を利用することで、魅力的な国際都市づくりを応援するとしている（日本経済新聞、二〇一五年一〇月一六日、朝刊、一面「外国人も住みやすい街」）。

しかし、そうしたインフラだけでは十分ではない。彼らが日本で歓迎され、気持ちよく生活できると感じられるような環境をつくり出す必要がある。その中で、自治体の役割は極めて重要である。自治体が明確に「外国人住民を歓迎」することの意思表明をすることが第一歩となる。

最初に行うべきは、自治体がさまざまな広報媒体を通じて、「〇〇市は外国人住民を歓迎します！」という明確なメッセージを外国人、日本人住民双方に対して発することである。外国人に対しては、彼らを地域社会の構成員として温かく迎える準備があるという姿勢を自治体が示すことになり、外国人の側も地域住民の一員であることを意識づけられることになる。すなわち、地域の公的な機関が好意を持って受け入れてくれていることを確認できることで、地元へのより深い愛着を感じる重要な契機となる。

一方、日本人住民に対してこのメッセージは、外国人に対する認識を変える意味で大きな意味を持つ。自らの住む自治体が地域に住む外国人を積極的に迎え入れる姿勢を見ることで、外国人に対してより肯定的な見方をすることに繋がるとともに、彼らを地域社会の一員として受け入れなければならないという気持ちを高めることになる。さらにそのメッセージは、人口減少への対応として、日本政府に先駆けて自治体が移民を積極的に迎え入れようとするものとして、海外にも日本社会の変化を印象づけるものとなるだろう。

自治体としては、在留外国人への地域社会への貢献への期待をもあわせて表明すべきである。例えば、地元住民と友好的な関係を築き、平穏で楽しい生活を送ってほしいこと、また地元の自治会に入会し、地域のお祭りなど、さまざまな地域の行事や活動に参加を期待することなどである。余裕のある外国人には、ボランティア活動などへ参加してほしいことを表明してもよいだろう。

地域にすでに在住する個別の外国人の活躍に焦点を当てることも必要である。自治体の広報で彼らの地域社会での活躍や暮らしぶりを取り上げることも行うべきである。また積極的に地域活動に参加し、地域社会に貢献している外国人を表彰する制度を創設することは、単に外国人の意識を高めるだけではなく、日本人の意識を変える点でも有効である。現時点では、日本人住民の在留外国人に対する肯定的な認識は必ずしも全国で定着しているとはいえないため、そうした認識を自治体として変えていく取り組みが求められる。

そうした取り組みは自治体だけではなく、地域社会の住民としても行うことが期待される。海外での赴任や留学を経験した日本人はすでに大勢いる。現地の人たちから歓迎され、地域に親しみ、多くの友人を得て有意義な海外生活を体験した日本人も多いだろう。何かと不便な海外生活の中で、現地の人たちから受ける親切は身にしみるものである。同様に、日本に来た外国人が、日本の社会に受け入れられたと感じ、多くの日本人の友人をつくることにより、日本社会に貢献したいと感じる、それができるような環境をつくることが望ましい。

それは地元の住民が、新たに引っ越してきた外国人に対して積極的に声をかけ、挨拶することから始まる。挨拶は相手に対して敵意を持っていないことを示すことでもある。

筆者が会長を務めた新宿区多文化共生まちづくり会議で、自治会長が外国人に声をかけるときは「おっかなびっくり」だと表現していた。外国人の人口割合が一二％を占める新宿区においてもこのような状況である。確かに日本語がどれだけ通じるかわからない外国人に声をかけるのには勇気がいるだろう。一方、例えばアメリカでは見知らぬ他人にも気楽に挨拶する習慣がある。そうした習慣があれば、新たに引っ越しをしてきた外国人も心を開くことができ、地元の人々と打ち解けやすい。

## 草の根の歓迎姿勢

アメリカやカナダで行われている「ウエルカムワゴン」も検討に値する。ウエルカムワゴンとは、新しく引っ越してきた人に食品や地元の商業情報などを贈り歓迎するもので、ビジネスまたは非営利の活動として発展したものである。例えばケンタッキー日米協会はケンタッキーへ引っ越しをしてきた日本人に対して、ボランティアのアメリカ人が夕食に招待するというウエルカムワゴンのサービスを提供している。かつてアメリカで引っ越しの際にウエルカムワゴンを経験した日本人は、温かい出迎えに「新しい土地に来た人間にとって、こんなに心温まることはなかった」と感想を述べている。

不慣れな土地に引っ越した人間にとって、地元の人々からの歓迎は予想を遥かに超えて心に響くものである。日本では引っ越ししてきた方が近隣におみやげを持って挨拶する習慣があるが、むしろ、外国人に対しては、ウエルカムワゴンのように地元の日本人から挨拶をすることの方が望ましい。一度、柔らかい雰囲気で話す機会をつくることができれば、後の交流は極めてやりやすくなる。そうした機会がないままでは、両者の間で会話が弾む機会も生まれにくい。

また日本人住民にとっても、地域に住む外国人の文化や言語を学ぶ機会も提供されるべきである。自文化の学習に意欲を持つ日本人の存在を知ることは、在留外国人にとって、日本社会の中で自らの存在が無視されていないことを知ることになり、そうした人たちとの交流を通じて、彼らの日本での生活はより安定したものになる。

さらに一般市民と在留外国人との一層の交流の機会を促進すべきである。自治体では年一回、国際交流フェスティバルや国際フェスタと呼ばれるイベントを開催し、そこで多国籍の料理や異文化の紹介を行う例が多い。しかし、単なるイベントになっており、彼らについてのさまざまな情報が伝わらず、また一般市民が広く参加するほどの規模にまでなっている例は少ない。その意味で、こうした一過性のイベントに加えて、日常生活の場で地域に住む外国人と日本人住民が触れあうことができるような場をつくることに取り組むべきであろう。

一つのアイデアとして「異文化交流カフェ」を設置することを提案したい。「異文化交流カフェ」ではくつろいだ空間の中で地域に住む外国人と日本人住民が交流し、言語を教え合ったり、趣味を共有するなどの場とするのである。また地域に住む外国人の文化を紹介し、また逆に日本の伝統文化を教える場となってもよい。地域住民が地域に住む外国人を通して異文化に自然に触れ、そうしたことに関心を持っていくような施設が求められる。そうした施設は行政によって整えられるべきであるが、日本人、外国人双方のボランティアが運営に関わることも重要である。新たな施設をつくらなくとも、自治体が日時を指定して既存の施設を借り上げることも可能だろう。

ヨーロッパにおいては移民のコミュニティと一般市民との間に意思疎通がなくなったことがホームグローンテロの遠因になったといわれている。日本では幸い、ゴミの出し方や騒音についてのトラブルはあるものの、社会の治安を脅かすような問題や克服できない問題は発生していない。これは自治体や地域住民の自発的な取り組みによるところが大きい。こうした成功経験をもとに、より望ましい受け入れ体制を確立することで二〇二二年末現在、総三〇七万五〇〇〇人の定住する外国人をより増やすとともに、彼らと日本人とが共に活躍できるような社会環境づくりを促進することが求められる。

## 人口政策の中の在留外国人

外国人誘致政策については、人口減少が深刻化する中で、積極的な自治体が増えつつある。

高知県では二〇二二年に「高知県外国人材確保・活躍戦略 ver.2」を策定した。この戦略では、「各産業の継続・発展を支える貴重な人材として、また、地域社会の一員として受け入れ、育成・定着を図っていくことが重要」とする。さらにフィリピン、ベトナム、インド、ミャンマーとの関係を強化し、これらの国から安定的な人材の確保を目指すとし、外国人の確保のために、積極的に海外に人材を求める姿勢を明確にしている。

戦略の柱1「海外から優秀な人材を確保」では、フィリピンでは姉妹都市のベンゲット州から長年、農業研修生を受け入れてきたが、他の分野での受け入れの可能性を探るほか、インドについては、在大阪・神戸インド総領事館と繋がり、初のインド人技能実習生受け入れ実現を目指すとしている。ベトナムについては、技能実習生について農業分野での連携に加え、他分野での受け入れも視野に現地大学や職業訓練校との連携の可能性を探るとしており、ミャンマーについては今後の情勢に留意して検討を深めるとしている。さらに外国人が入居できる住宅の確保として、県営住宅の空き室への入居促進、高知県居住支援協議会を通じた、セーフティネット住宅の登録の促進、市町村への支援を通じて、地域での空き家・空き室の再生活用の促進を図るとする。

こうした自治体の積極的な姿勢は二〇一〇年代から徐々に広がるようになった。

兵庫県では「二一世紀兵庫長期ビジョン――二〇四〇年への協働戦略」を二〇一一年に策定している。この中で兵庫県の将来像の一つとして「世界との交流を兵庫の未来へ結ぶ」を挙げており、この中に「兵庫がアジアの人材育成拠点に」「多文化共生の暮らしが実現」の二項目が置かれている。「兵庫がアジアの人材育成拠点に」では、「兵庫発の人材が世界に羽ばたき、国内外の創造的な人材が集まる国際的な知の拠点を形成している」ことを想定している。「多文化共生の暮らしが実現」では、

「外国人県民にも暮らしやすい生活環境が整い、地域住民と外国人県民が助け合う社会が実現している」をその具体的な内容として記述している。兵庫県では毎年、「二一世紀兵庫長期ビジョン」の推進状況の報告書を策定しているが、二〇二〇年の報告書では「海外との交流では、新型コロナウイルスの影響を大きく受けた一方、留学生への支援や外国人県民等への相談支援など、世界との交流・多文化共生の取組が進んでいる」としている。

長野県では、二〇一五年の「長野県人口定着・確かな暮らし実現総合戦略（中間報告）」の中で、「世界とともに発展する県づくり」を掲げ、「グローバル企業の誘致や高度人材の招聘など、世界から人を呼び込むこと」「世界の国々との関係を友好交流に留めず、互恵・協働関係に再構築すること」を掲げている。世界を意識した地域づくりを掲げるとともに、「世界から人を呼び込むこと」と一歩踏み込んだ表現となっている。

出雲市は二〇一六年度からの五か年計画「出雲市多文化共生推進プラン」の策定に際して、在住外国人の割合に関する数値目標を公表した。多文化共生推進プランでは、外国人住民を良きパートナー・良き隣人として受け入れ、共に暮らしやすいまちづくりを進めると明記するとともに、五年以上定住する人の比率を二〇二一年に三割以上に引き上げるという具体的な数値目標を掲げた。それを継いだ二〇二〇年に策定された「第二期出雲市多文化共生推進プラン」では多文化共生のまちを目指す数値目標（指標）として、令和七年（二〇二五）三月末の「外国人住民五年定住率」を四〇％とした。

広島県では二〇二〇年に「ひろしま未来チャレンジビジョン」を策定している。そこでは「今や本県の経済・社会は成熟し、人口が減少し、本格的な高齢化が進む時代の入口という大きな岐路に立っており、ここで、目の前にある課題に適切に対応しつつ、現実を直視し、将来を見据えて変革に挑戦しなければ、輝きを失ってしまうおそれ」があると危機感を述べ、「グローバル化の進展に伴うアジア等からの優秀な海外人材の獲得など多様な人材の育成・確保等の仕組みづくりが求められます」としている。ここでは海外人材の獲得を求める表現となっている。

以上のようにすでに多くの自治体において、人口減少への対応として、在留外国人の重要性に基づく認識が明示化されている。今後重要なのは、人口政策と多文化共生政策のさらなる融合である。なぜなら人口は自治体の基盤であるからである。住民の減少は自治体の土台の浸食に他ならない。人口問題に対し日本人だけでの対応を考えていては行き詰まり、問題解決の根本的な出口は見えてこない。あるいは実行不可能な想定を前提として、無理やり将来計画を立てざるを得ない。実現可能性の乏しい人口計画を立てれば、その計画のもとで進められた地域づくりは結果として現実逃避となり、将来、地域社会の衰退は決定的になりかねない。そうであれば日本人だけの閉鎖的なコミュニティを前提とするのではなく、外国人とのウィンウィンの関係を築きながら、世界に開かれた地域づくりを目指すべきであろう。

## 海外の自治体の活動

海外の自治体では外国人を誘致するためにさまざまな活動が行われている。

ドイツのハンブルク市長は「都市は他の地域から才能ある人々を惹きつける。偉大な市が繁栄するのは、移民を受け入れ、統合していく活発なプロセスがあるからだ」と主張する。

ハンブルクでは「私はハンブルク人」という外国人の帰化を促すキャンペーンを行っている。市長は「帰化は単なる行政手続きではなく、国や社会に対する信念を宣言することだ。地元に住み、帰化の要件を満たした移民については、帰化してドイツ人になるべきだ。それによって社会参加の可能性がより完全なものになる」という。ハンブルクでは移民で教師となった人をサポートし、異文化教育を推進するネットワークを構築している。移民の背景を持つ教師は、生徒の移民に対する偏見を除去する上で極めて重要な役割を果たす。それは教師そのものが移民が社会に統合できることを示す模範例であり、教育的な意味合いが大きいとみなされているからである。

一方、同じドイツのミュンヘン市は二〇一〇年、フェニックス賞を創設した。この制度は、経済面及び企業の社会責任の面で顕著な業績のあった移民起業家三名を毎年表彰する制度である。ミュンヘン市には移民起業家を促進する事業がいろいろとあり、移民起業家のスタートアップへの支援、ビジネスプランへの助言、研修などが行われている。

アメリカ・オハイオ州のデイトンでは、市長のイニシアチブで外国からの移民を積極的に受け入れている。なぜ移民歓迎策を打ち出すのかという日本の新聞社の質問に対して、ゲリー・ライチェル市長は「二つある。第一に経済成長の促進だ。移民の起業率はアメリカ人の二倍と高い。中小企業はアメリカの雇用の半数を担い、移民の力は大きい。デイトンはこれまでゼネラル・モーターズなど大企業の撤退に苦しんできた。他州から大企業を誘致するよりも、地元で中小企業を育て繁栄に繋げたい」「第二に人口減少と高齢化問題の解決だ。郊外に住む（白人）富裕層はデイトン市内に引っ越したがらない。それなら国外や他州から若い移民を呼び込めばいい。海外で生まれデイトンで暮らす住民（移民一世）の全体に占める比率はまだ三％で、二〇％のところもある大都市に比べ見劣りがする。グローバル化の時代なのに他国からの住民が少ないのはマイナスでしかない」と主張している。

また市民から批判の声は出ていないかとの質問に対しては、「全くない。移民受け入れを批判するメールは州外や他市から届くだけだ。長年の不況に疲れている市民は、景気にプラスになるなら移民は大歓迎と考えている。小売店オーナーから、店頭に表示する移民歓迎のステッカーをつくってほしいとの要請があるほどだ」と答えている。

さらに、デイトンに不法移民が押し寄せ犯罪率が増えるのではという質問には、「右派が率先するアンチ移民派の意見だ。本を正せばアメリカ人は全員移民であり、心配していない。もしも全米にいる約一一〇〇万人の不法移民が一斉にいなくなれば困るのは労働力を失うアメリカ人だ。人道的に見ても、腹を減らした赤ん坊を抱いた母親に、不法移民だから助けないと誰がいえるのか。デイトンはそんな街ではない」という（「『移民歓迎で経済活性化』米デイトン市長に聞く」日本経済新聞電子版、二〇一二年五月二八日）。

アリゾナ州のツーソンでは、二〇一二年に市では「移民歓迎市」の宣言を行い、移民のためのポータルサイトを立ち上げている。市長は「多様性は我々の強さだ。伝統は大切にするものの、変化を恐れないことの助けとなる」と主張する。移民の起業支援から英語教室まで多様なプログラムを準備している。

セントルイス市ではモザイクプロジェクトと呼ばれる事業を実施している。この事業は移民を歓迎し、文化的モザイクを達成しようということを目的としている。市長は「移民は労働技術をもたらし、税金を払い、地域で消費してくれる。多文化的な視点をさらに高めるために移民を必要とし、その結果、世界市場での競争力を強められる」という。世界経済の中で繁栄するための人材の競争が世界中で行われており、移民にとって居心地のよい場所になることでアメリカは国際的な競争力を高めるとの考えが背景にあるという。

## 地域社会へのソフトランディング政策

外国人を地域社会に受け入れるための政策は、従来から多文化共生事業として行われてきた活動に基づく。この分野の主たる活動として、日本語学習、教育、医療、生活支援、専門人材の育成がある。

### 日本語教育の現状

日本での外国人に対する日本語教育についてまず政府の政策を確認しよう。

文化庁は一九六七年以来毎年継続して国内の外国人に対する日本語教育の現状を把握するため「日本語教育実態調査」を実施している。「令和四年度国内の日本語教育の概要」は、その調査をまとめたものである。

この調査では二〇二二年一一月一日現在、国内における日本語教育実施機関・施設等数は二七六四、日本語教師数は四万四〇三〇人、日本語学習者数は二一万九八〇八人となっている。一九九〇年度からの推移では、日本語教育実施機関・施設等数は三・四倍へと増加し、日本語教師数は五・三倍に、日本語学習者数は三・六倍にそれぞれ増加している。

日本語教育実施機関・施設等数の内訳を見ると、法務省告示機関が六九七（二五・二％）と最も多く、続いて、大学等機関五四七（一九・八％）、任意団体五一二（一八・五％）、国際交流協会三五〇（一二・七％）、地方公共団体三〇四（一一・〇％）、教育委員会二一八（七・九％）の順となっている。

法務省告示機関とは、外国人が日本で住む場合に、「留学」の在留資格を得ることのできる組織で法務省によって認定されている日本語学校等を指す。日本への留学生を受け入れる日本語学校の存在が大きいことを示している。

日本語教師数は四万四〇三〇人と前年度より四七八九人（一二・二％）増加した。内訳は、職務別に見ると、ボランティアによる者が二万一五六八人（四九・〇％）と最も多く、以下、非常勤による者が一万五八九一人（三六・一％）、常勤による者が六五七一人（一四・九％）の順となっている。

日本語教育機関として任意団体が多いことを合わせて考えると、外国人に対する日本語教育はボランティアによって支えられている部分が大きいことがわかる。これは現時点では日本語教育が職業としては成り立ちにくいことを意味しているともいえる。

日本語学習者数について見ると、二一万九八〇八人となっており、前年度より九万六四〇〇人と大幅に増加した。これはコロナ禍による入国制限の緩和が大きく影響している。学習者が学ぶ場所として、法務省告示機関九万五八七五人（四三・六％）と最も多く、以下、大学等機関が五万四五二四人（二四・八％）、国際交流協会一万九六〇一人（八・九％）、地方公共団体一万三〇九二人（六・〇％）の順となっている。

日本語学習者二一万九八〇八人の出身地域別割合を見ると、アジア地域が一八万一〇九三人（八二・四％）と最も多く、うち中国が六万七〇二七人（全学習者の三〇・五％）を占めている。以下、南アメリカ地域八二二四人（三・七％）、北アメリカ地域六六〇八人（三・〇％）、ヨーロッパ地域六四七一人（二・九％）、ロシア・NIS諸国四三七一人（二・〇％）、アフリカ地域一八一八人（〇・八％）、大洋州九二五人（〇・四％）の順となっている。

日本語を学ぶ外国人が日本語の上達のレベルを知る上で重要な制度に日本語能力試験がある。この制度は国際交流基金と日本国際教育協会（現日本国際教育支援協会）が一九八四年に開始したもので、開始当初の受験者は全世界で七〇〇〇人にすぎなかったが、二〇二二年の受験者数は二回の試験を合わせて七八万七九五四人にまで増えている。海外では国際交流基金が実施し、国内では日本国際教育支援協会が実施している。

試験は難易度によってN1からN5のレベルに分かれている。最も高いレベルのN1の目安は「幅広い場面で使われる日本語を理解することができる」こととされており、高度の文法・漢字（二〇〇〇字程度）・語彙（一万語程度）を習得することが必要とされている。

日本語を教える教師に関しては、日本語教育能力検定試験が日本国際教育支援協会によって実施されている。試験の応募者は二〇二二年度には八七八五人、合格者は二一八二人となっている。応募者数は二〇一九年度には一万人を超えていたが、コロナ禍の影響もあり近年は減少傾向にあった。日本語教師が国家資格となるのは第三章で述べた通りである。

次に自治体ではどのように取り組んでいるのか見てみよう。

宮城県では多文化共生社会の形成を推進するための基本理念を明確にするとともにさらに広く県民に共通の認識に立ってもらうことを目的として二〇〇七年七月に「多文化共生社会の形成の推進に関する条例」を制定した。この条例に基づき、二〇一九年三月、宮城県では「第三期宮城県多文化共生社会推進計画」が策定された。この計画の中で、日本語学習について「（1）学習希望者の多様なニーズに応じた日本語学習の支援」として、日本語支援ボランティアの育成、地域の特性や学習ニーズなどを踏まえたＩＣＴ活用等を含む日本語学習のあり方検討、多言語ＩＣＴツールの言語・目的別整理及び情報提供が挙げられている。

長野県では、「長野県多文化共生推進指針二〇二〇」の中で行うべきこととして「県では、地域の日本語教室の持続的運営や、多文化共生の拠点としての機能強化に向けて、アドバイザーの派遣やボランティア紹介などを行います。また、新たに日本語教室の設置を希望する市町村等を支援します」としている。

さらに「地域における日本語教育の担い手の養成」として「県では、日本語学習を支援する者としての基礎的知識を備えつつ、外国人と地域をつなぎ、共生を支援する役割を担う『日本語交流員』を養成すること。また日本語教室の持続的運営や機能強化を支援します」とする。続けて「県では、日本語教育人材、日本語交流員、日本語教室、日本語教育機関等を登録し紹介する人材バンクを創設し、それぞれの主体と連携しながら、地域における日本語教育体制の充実を支援します」と日本語教育等人材バンクの創設を謳っている。

## 外国人の日本語能力

では在留外国人の日本語能力はどの程度なのだろうか。法務省が実施した「令和三年度在留外国人に対する基礎調査」がある。この調査は在留外国人の置かれている状況及び在留外国人が抱える職業生活上、日常生活上、社会生活上の問題点を的確に把握し、外国人に関する共生施策の企画・立案に資することを目的として実施したもので、調査対象を一八歳以上の中長期在留者及び特別永住者計四万人とし、二〇二二年一二月一日時点において、直近の上陸許可年月日から一年以上経過している者に限るとしている。調査はインターネット上のアンケートに回答してもらう形式で実施され八言語（ルビ付き日本語、英語、中国語、韓国語、ポルトガル語、ベトナム語、フィリピノ語、ネパール語）で行われた。その結果、有効回答数は七九八二件（回答率：二〇・八％）となった。

この調査では日本語能力（話す・聞く）を見ると、「幅広い話題について自由に会話ができる」の割合が最も高く、二三・九％となっている。また、「日本語での会話はほとんどできない」と回答した割合は、三・四％となった。日本語能力（話す・聞く）を国籍・地域別に見ると、「幅広い話題について自由に会話ができる」は「韓国」（五四・八％）、「台湾」（四五・二％）において全体と比較して割合が高くなっている。一方、「ブラジル」において「日本語での会話はほとんどできない」の割合（八・四％）が全体と比較して高くなっている。

一方、日本語能力（読む）を見ると、「幅広い場面で使われる日本語を理解することができる」の割合が最も高く二六・七％となっている。「あまり分からない」、「全く分からない」と回答した割合はそれぞれ一〇・〇%、三・三%となっている。日本語能力（読む）を国籍・地域別に見ると、「幅広い場面で使われる日本語を理解することができる」は「中国」（四五・五%）、「韓国」（六〇・六%）、「台湾」（五五・二%）において全体と比較して高くなっている。一方、「ブラジル」で「全く分からない」の割合（九・五%）が高い結果となった。

これらの結果は漢字圏である中国や韓国出身者の日本語能力が高いことを示す一方、三〇年以上前から定住化が進んでいる日系ブラジル人においてはその能力が低いままに留まっていることを示している。ブラジル人コミュニティの発展とともに日本語習得なしに日本で生活する人々が増加している可能性を示すものとも考えられる。

外国人と日本人とのコミュニケーションを行う上で重要性が高まっているものに「やさしい日本語」がある。

自治体では多言語による情報提供を行う自治体も増えているが、提供できる言語の数には限界がある。最も提供されるケースの多い英語については、アジア系が多い日本への在留外国人にとって必ずしもコミュニケーションに便利な言語とはいえない。

一方、日本語の習得は外国人にとって一般に極めて難しく、日本人と同程度に読み、書き、話し、聞けるようになるには膨大な時間と努力を必要とする。そうした努力をしなくとも日本人とコミュニケーションが取れるようにするためには、難解な表現や漢字数を制限した日本語によるコミュニケーションが必要になる。そこで近年、注目されているのが「やさしい日本語」である。

外国人の学習の便宜のための「やさしい日本語」の動きは一九九〇年代から始まった。一九九五年の阪神・淡路大震災を契機として、災害に対する対応として「やさしい日本語」が徐々に普及し始めた。自治体においても多言語化と並んで徐々に採用されつつある。

「やさしい日本語」に親しむ必要があるのは外国人ばかりではない。むしろ、日本人が外国人にとって理解が容易な「やさしい日本語」とはどのようなものかを習得し、外国人とのコミュニケーションに利用することが求められる。例えば、自治体の窓口の職員、警察、消防、医師・看護師など、外国人とコミュニケーションを取ることが日常的に発生する人々がそうである。また口頭でのコミュニケーションに限らず、文書による「やさしい日本語」の普及が重要である。例えば、予防注射を受ける外国人にとって、医師から事前に渡される注意事項の書類は日本人であってもすぐに理解するのは難しい表現が数多く含まれている。外国人の視点で役所、病院、学校などでの日本語の文章表記をわかりやすく簡潔にする取り組みが求められる。

「やさしい日本語」が普及すれば、外国人にとってコミュニケーションでのハンディが大きく減り、日本での生活はより容易になる。また「やさしい日本語」を利用することで、日本人との対応だけではなく、日本に住む外国人同士のコミュニケーションも容易になる。日本語の微妙なニュアンスや言葉の機微が十分に伝わらない点もありえるが、日常生活のコミュニケーションではそこまでのレベルを必要としない。「やさしい日本語」を普及する意義は極めて大きいといえる。

日本語教育は第三章で記述したように、政府の政策は大きく前進しつつある。しかし、日本語は複雑で、小学校で学ぶ漢字が一〇〇〇字を超えるなど、漢字圏以外の外国人にとって日本人の成人レベルの日本の読み書き能力を身に着けることは極めて困難といえる。その意味で日本社会側の歩み寄りとして「やさしい日本語」の普及や高度化するＩＴ通訳機器の一層の活用が求められる。

## 学校教育

日本に住む外国人の子どもたちに対する教育は極めて大きなテーマである。在留外国人が日本に生活基盤を確立するためには、彼らや彼らの子弟に対する十分な教育を行うことが、日本の社会で長期間にわたって貢献することを保証する上で基礎的な土台になるといえる。

二〇一二年、在留外国人の比率が高い自治体でつくる「外国人集住都市会議」に参加する全国二九市町における調査で、公立中学校の外国人卒業生一〇一〇人の高校進学率が七八・九％に留まることがわかった（「〈高校進学率〉公立中卒の外国人七八・九％　集住二九市町」毎日新聞、二〇一二年一一月一一日）。これは日本人の平均より約二〇ポイント低い結果である。また、日本語能力が低い生徒ほど進学率も低いことが明らかになった。その意味で、現在の制度では不十分といえる。

文部科学省は、二〇二一年五月一日現在における調査として、公立小・中・高等学校及び特別支援学校における日本語指導が必要な児童生徒の受け入れ状況を調べた。この調査では、日本語指導が必要な児童生徒数は、五万八三〇七人で、二〇一八年の前回調査より七一八一人増加（一四・〇％増）した。このうち外国人児童生徒は四万三三三二人で前回調査より六八六四人増加（一六・八％）増加している。

日本語指導が必要な外国人児童生徒学校種別の在籍者数では、小学校では三万一一八九九人、中学校では一万一二八〇人、高等学校では四二九二人となっており、いずれも前回調査より増加している。

日本語指導が必要な外国人児童生徒数は地域的な偏りが極めて大きい。人数が多い都道府県ベスト三では、愛知県一万七四九人、神奈川県五二六一人、静岡県三七八三人となり、最も少ない県は高知県一二人、鳥取県一八人、鹿児島県二八人となっており、一〇〇人以下の県が一五県ある。

文部科学省では外国人の子弟の教育に関して、「外国人については就学義務が課せられていませんが、その保護する子を公立の義務教育諸学校に就学させることを希望する場合には、これらの者を受け入れることとしており、受け入れた後の取扱いについては、授業料不徴収、教科書の無償給与など、日本人児童生徒と同様に取り扱うことになっています。このような外国人児童生徒の我が国の学校への受け入れに当たっては、日本語指導や生活面・学習面での指導について特段の配慮が必要です」としている（文部科学省海外子女教育、帰国・外国人児童生徒教育等に関するホームページ「帰国・外国人児童生徒教育等に関する施策概要」）。

またそのため「日本語指導等、特別な配慮を要する児童生徒に対応した教員の配置」「帰国・外国人児童生徒教育担当指導主事等連絡協議会の開催」「外国人児童生徒等に対する日本語指導のための指導者の養成を目的とした研修の実施」などを行っている。また二〇〇一年度から日本語指導が必要な外国人児童生徒を学校生活に速やかに適応させるために、「学校教育におけるＪＳＬ（第二言語としての日本語）カリキュラム」を開発している。

近年、日本語教育や中学卒業以上を要件とする資格取得を可能にするため、夜間中学校が注目を集めている。正式には「中学校夜間学級」といい、学齢（満一五歳）を超えた義務教育未修了者に中学校教育を行うため夜間に開設される学級の通称で、学校教育法第一条に定める学校（いわゆる一条学校）ではない。

第二次世界大戦後、経済的理由などで義務教育を修了できなかった人を対象として実施されてきたが、近年、外国人を中心に再びその利用者が増え、経済的理由などで義務教育を修了できなかった人を対象として実施されてきたが、近年、外国人を中心に再びその利用者が増え、二〇二二年度現在、夜間中学は、一五都道府県に四〇校が設置されている。同年度には在籍生徒数（性別、年齢別）は、男性三七％、女性六三％と女性が多く、六〇歳以上は二三％、一六〜一九歳は二〇％である。また、日本国籍を有しない者の国籍は、多い国から中国、ネパール、韓国・朝鮮、フィリピン、ベトナムの順となった。日本国籍を有しない者の夜間中学入学理由は、「日本語が話せるようになるため」が最も多かった（令和五年一月、文部科学省「夜間中学の設置・充実に向けて【手引】」（第三次改訂版））。これは夜間中学校が日本語学校の一部、代替を果たしていることを示している。

外国ルーツの子どもに対する教育について自治体の取り組みを見てみよう。

静岡県では二〇〇八年一二月二六日に「静岡県多文化共生推進基本条例」が制定された。この条例に基づき、二〇二二年三月二八日に四年間を計画期間とする新たな「ふじのくに多文化共生推進基本計画二〇二二–二〇二五」が策定された。この基本計画では、外国人の子どもの教育環境の整備として、就学促進、学びの継続のための指導体制確保及び充実、就学状況等調査、教育支援体制の促進、夜間中学設置、進路選択やキャリア形成への支援が謳われている。

富山県では二〇一九年九月に策定された「富山県外国人材活躍・多文化共生推進プラン」では、外国人の子どもの教育に関して、日本語指導教員、外国人相談員等の配置、小中学校教員、外国人相談員等を対象とした適応・日本語・教科指導研修の充実、外国人の子どもの就学促進及び就学の状況把握、学校への円滑な受け入れ、スクールカウンセラー等の専門家の積極的な活用の推進、富山県警察学生安全ボランティア等と連携した学習支援や居場所づくり、高校進学の意義や仕組みについてのパンフレット及びDVDを五か国語で作成等、具体的な活動が挙げられている。

宮城県では「第三期宮城県多文化共生社会推進計画」の中で、子どもの教育について、外国人の児童・生徒に対する日本語指導の充実と、児童・生徒の保護者への支援についての配慮、関係機関との連携の二点を挙げ、具体策として、県教委による非常勤講師の配置、市町村教委による指導補助者の配置、みやぎ外国人相談センター、教育機関、保健福祉担当課、市町村等との連携促進（定期的な連絡会議の開催及び適切な情報共有）を提示している。

長野県では「長野県多文化共生推進指針二〇二〇」において、外国人児童生徒等の日本語教育の充実のために必要なこととして、「次世代を担う全ての外国人児童生徒等が、能力を最大限に発揮し活躍するために、良質で多様な学びの機会を確保することは重要であり、その前提として日本語教育の充実が求められます」としている。さらに「外国人の学びを推進する上で、幼児期及び学齢期にある外国人等の家庭において使用される言語の重要性に配慮することが必要です」「県では、外国人児童生徒等の日本語教育のため、小学校、中学校の日本語指導教室等における教員の配置や、高等学校における生活支援相談員の配置による支援などを行うとともに、日本語指導が必要な全ての児童生徒等が日本語教育を受けることができるよう、体制の充実に努めます。また、外国人児童生徒等への指導における指導者の資質向上を図るため、日本語指導を行う教員の研修を充実します」と取り組みの方針を示している。

以上のように、各自治体は外国ルーツ青少年の教育の重要性を認識しているが、その実施状況は必ずしも十分とはいえず、また地域的な差も大きい。自治体や学校では埋めることのできない対応ができるのがＮＰＯである。一人ひとりに寄り添う丁寧な伴走支援を行えるＮＰＯの役割の重要性について再認識する必要があり、地域社会全体として、公的教育機関、ＮＰＯ、日本語ボランティア等が連携して切れ目のない教育を提供できる体制を整える必要がある。

## 医　療

日本で定住する外国人にとって日本人が享受しているのと同じような医療サービスを受けられるかどうかは極めて重要な問題である。

厚生労働省のホームページでは外国人向け多言語説明資料（イメージ案）が掲載されている。この資料には院外処方せんの説明、入院申込書、問診票など、医療にかかるさまざまなテンプレートが英語、中国語、スペイン語などで公開されている。

また外国人患者受け入れ医療機関認証制度（ＪＭＩＰ）が設けられている。この制度は、外国人患者の円滑な受け入れを推進する国の事業の一環として厚生労働省が実施した医療機関認証制度整備のための支援事業を基盤に策定されたものである。

日本医療教育財団がこの認証制度の運用機関として、医療機関の外国人患者受け入れ体制を中立・公平な立場で評価し、日本の医療サービスを外国人が安心・安全に享受できる体制の構築を目指して実施している。認証医療機関は、宗教・文化による生活習慣の違いに一定の配慮をしていることが評価されるが、認証を受けた医療機関において対応可能な言語は医療機関ごとに異なる。宮城県を含む東北六県では認定された病院はなく、全国で認定を受けた医療機関の数は必ずしも多いとはいえない。

一方、自治体レベルでも多言語での医療情報が提供されるようになってきている。かながわ国際交流財団では、英語、中国語、ハングル、スペイン語、ポルトガル語、タイ語、ペルシャ語、インドネシア語、ベトナム語、タガログ語、ロシア語、ラオス語、カンボジア語、日本語、フランス語等、二三か国語について、多言語医療問診票が作成されている。また、横浜市港南国際交流ラウンジでは、フランス語、ドイツ語、アラビア語、クロアチア語の四か国語について、多言語問診票が作成されている。

充実した情報と体制が取られているのは茨城県である。茨城県国際交流協会では、病院で医師とコミュニケーションを取るための手段として、英語、中国語、ポルトガル語、タガロク語、タイ語、スペイン語等の二二か国語版について、メディカルハンドブックが作成されている。メディカルハンドブックは医療指差し会話帳のことで、外国人が病院に行ったときの基本的な応答、症状の表現などを各国語と日本語の対照表でまとめている。

また、茨城県救急医療情報システムでは、茨城県内の多言語で対応できる医療機関を検索することができる。英語での検索にも対応しており、地域ごとに検索できるシステムとなっている。

さらに茨城県国際交流協会のホームページ上に、「多文化共生サポーターバンク」というユニークなシステムがある。このシステムでは「医療通訳サポーター」に電話やホームページから依頼ができるようになっている。医療通訳以外にも、「語学サポーター」「災害時語学サポーター」「外国人のための地域生活アドバイザー」「各国事情紹介講師」「ホームステイ・ホストファミリー」の六つの分野のサポーターとして協力したいボランティアが多文化共生サポーターバンクに登録しており、登録者はインターネットで公開されている。県内の各地域に散らばるボランティアをその協力できる内容ごとに登録する、大変進んだ制度といえよう。

また、群馬大学医学部附属病院システム統合センターはシステム開発会社などと共同で、無料の携帯電話用医療翻訳アプリ「ヘルスライフパスポート」を二〇一二年に開発した。一二か国語に対応している。

一部の外国人には日本の保険制度に加入していない人もいる。横浜市にある港町診療所は一九九〇年前後に公的な保険に加入していない外国人労働者が急激に増加してきたことに伴い、会員は三割負担という無保険の外国人のための互助会を九一年に発足させた。同病院では、日本人の患者も治療を受けているが、外国人のためには英語による診療が毎日可能であるほか、曜日を指定して多言語の医療通訳と共に治療が可能な体制が整っている。日本は国民皆保険制度を進めてきたが、その中で従来、外国人の存在は十分に位置づけられてこなかった。定住する外国人に対する政府としての認識が低かったことが原因と考えられるが、政府による今後の取り組みが期待される分野である。

また宗教的な配慮も今後、必要になるだろう。ムスリムであれば基本的に同性の医師、看護師による診断や看護を求める。こうした体制は日本ではほとんど整っておらず、今後の課題として残されている。

## 生活支援

政府で行っている事業から確認してみよう。

出入国在留管理庁では二〇二二年に多言語による「生活・就労ガイドブック」の第四版を公開した。第一章の入国・在留から第一二章の日本生活におけるルール・習慣まで日本語版では一三三ページにわたる内容となっている。

一方、一般財団法人自治体国際化協会はネット上で「多言語生活情報」を日本語、やさしい日本語以外に一四か国の言語で提供していたが、出入国在留管理庁の「外国人生活支援ポータルサイト」と「生活・就労ガイドブック」に引き継がれる形で終了した。

新しい法制度についても多言語で情報が提供されている場合もある。例えば、マイナンバー制度については、内閣官房のホームページでは、日本語以外に二五言語での説明があり、コールセンターでは英語、中国語、韓国語、スペイン語、ポルトガル語で対応する体制ができている。

文化庁では、日本人を対象に日本に在住する外国人の宗教事情についての詳細な資料を掲載している。「在留外国人の宗教事情に関する資料集——東南アジア・南アジア編」では、タイ、ベトナム、インドネシア、フィリピン、インド、ネパール、パキスタン、バングラディシュについて国ごとに宗教や文化について詳しく論じている。同様に「在留外国人の宗教事情に関する資料集——東アジア・南アメリカ編」も作成され、中国、台湾、韓国、ブラジル、ペルーを対象としている。これは外国人を受け入れる地域社会として、定住する外国人の文化的背景を理解することを前提としたものである。

都道府県や政令指定都市では外国人が日本で生活する上で生じる多様な問題や疑問に答えるために、

多言語での電話あるいは相談窓口を設けているケースが多い。

また、本来海外との国際交流のための組織として自治体が設置したいわゆる国際交流協会の役割を変化させ、在留外国人のためのさまざまな活動を行う中心的な組織として重要な役割を担わせている。国際交流協会は、あるときは自治体と在留外国人の間に立って活動し、あるときは自治体と民間団体との間で調整役を果たす例も多い。

例えば、茨城県国際交流協会では、県内の市町村、市町村の設置した国際交流協会、民間の国際交流団体、日本語教育アドバイザーを対象にしたネットワーク会議を毎年行い、一〇〇名以上が参加している。孤立しがちな地域の小規模な市民団体相互の情報交換と問題意識の共有を図るなど、地域における活動を推進する上で重要な役割を果たしている。

また外国人住民に対しては、二〇二三年九月現在、英語、中国語、タガログ語、ポルトガル語、韓国語、タイ語、インドネシア語、スペイン語、ベトナム語と九言語で外国人相談センターの運営を行っている。県内在住外国人の九四%をカバーしており、幅広い外国人住民を対象に、自治体が直接対応できない業務を行っている。

埼玉県国際交流協会の活動に目を移すと、英語、スペイン語、中国語、ポルトガル語、ハングル、タガログ語、タイ語、ベトナム語等一三言語による外国人のための無料法律相談を設けている。日本語教育については直接実施していないものの、埼玉県内では約一二〇か所、在住外国人のための市民ボランティアによる日本語の教室が開催されている。子どものための教室も県内に一七か所があり、日本語を母語としない外国人生徒の高校進学を支援するための高校進学ガイダンスが埼玉県国際交流協会により行われている。

またホームページ上では英語・中国語・スペイン語・ポルトガル語で在住外国人の生活に必要な情報を公開している。一方、他県ではあまり見られないが、外国人や高齢者などが安心して住居を探せることを支援する試みも行っている。外国人の住まい探しに協力する不動産業者を、あんしん賃貸住まいサポート店として公開している。二〇二三年一一月現在、三二一店舗が登録している。

## 相談窓口の開設

政府は二〇一八年の入管法の改正以降、都道府県、指定都市及び外国人が集住する市町村約一〇〇か所において、地方公共団体が情報提供及び相談を行う一元的な窓口である「多文化共生総合相談ワンストップセンター」を設置する財政支援を決定し、その後、「多文化共生総合相談ワンストップセンター」の呼称を「一元的相談窓口」と改めた。

相談窓口や情報提供と共に、今後必要性が増してくるのは、地域に在住する外国人をサポートするカウンセリングや自立支援を助ける専門人材である。在留外国人が日本語や日本文化、習慣という大きな壁に直面していることを考えれば、彼らが直面するさまざまな課題を解決するための専門性を持った人材の確保が必要である。

さて、母国を離れて海外に生活の拠点を移す外国人にとって移り住んだ国がどれだけ体制が整っているかを客観的に示す国際的な指標がある。ＥＵの支援を得てバルセロナ国際問題センターと移民政策グループの両者の協力により実施されているＭＩＰＥＸ（移民統合政策インデックス）である。二〇〇四年に初めて欧州の移民統合のインデックスとして発表された。当初は欧州一五か国の移民政策を客観的に簡潔な形で比較する試みであったが、その後、国の数も増え、より多くのインデックスが採用されより包括的な移民政策の比較ができる仕組みとなった。

ＭＩＰＥＸ２０１５では、ＥＵのすべての国とアメリカ、日本などを含む三八か国を対象に調査結果を公表している。八分野一六七の政策インディケーターを比較検討することで、総合的な移民政策の成熟度を国ごとにランク付けしている。移民に関する政策の八分野として、労働市場の流動性、家族の呼び寄せ、教育、健康、政治参加、永住権、帰化、反差別が挙げられている。一位はスウェーデン、二位ポルトガル、三位ニュージーランド、四位はフィンランドとノルウェーが同点で並んでおり、日本は三八か国中二七位と、二〇一〇年より一位順位を上げている。主要国の順位を見ると、アメリカが九位、ドイツ一〇位、フランスとイギリスが同率で一五位、韓国が一八位となっている。

二〇一八年のデータによると日本の評価はワンストップセンターの配置により一ポイント上昇したものの、一〇〇点中四七点と世界各国の平均よりやや下に位置づけられている。その理由として日本は移民国であることを正式に認めていないことが挙げられている。このことは外国人住民にとって大きな壁となっているとしている。

## 外国人の潜在能力と活力促進

外国人は日本人にないさまざまな資質を備えている。彼らの潜在能力を活かし、活躍を促進するためのあり方を考えたい。

日本企業の生産性を高め、グローバル化に対応できる体質に変えていく役割を外国人の就労者は担っているといえる。日本の従来の経営体制からダイバーシティ経営への切り替えが叫ばれているが、ダイバーシティ経営において、外国人社員は女性や高齢者の活用と並ぶ極めて重要な要素となっている。

年功序列、終身雇用型の多い日本企業の文化の中で、彼らの存在は異質ではあり、それゆえにさまざまな葛藤も起こりやすい。しかし、そうした文化的な摩擦の中から、新しい発想やイノベーションが生まれることが期待される。彼らの持つ異質性を異分子として排除するのか、あるいはその特性を最大限に引き出してイノベーションの源泉として活用するのかが日本企業に問われている。

また波風が立つことを嫌う日本企業の風土において外国人の受け入れを進めることには一定の抵抗があると思われる。しかし、グローバル化への対応や人手不足の中で外国人の雇用は避けて通れないものであり、外国人の雇用を推進するような政府の政策も今後、必要であろう。例えば一定割合の障がい者の雇用を企業に求めているように、企業及び社会の健全な発展のために、正規の社員として一定程度以上の外国人雇用者の割合を達成した企業に対して報奨金を出すような仕組みも将来、検討に値するであろう。また彼らの雇用にあたっては彼らの持つ文化的な背景の理解も必要である。そうした理解があって初めて、彼らの力を発掘でき、持続可能な雇用が生まれると考えられる。産業政策の中で、外国人労働者は単なる人手不足の解消のための手段ではなく、日本の企業のグローバル化、刷新性を引き出す触媒となるような受け入れ方の模索が求められる。

渋谷区では外国人の起業を支援する事業を行っている。渋谷区は二〇二〇年に政府の「世界に伍するスタートアップ・エコシステム拠点形成戦略」事業のグローバル拠点都市として「スタートアップ・エコシステム東京コンソーシアム」が選定されたことに伴い、その活動を積極的に推進すべく、渋谷区でスタートアップのコンソーシアムを形成した。この事業では、官民連携の渋谷区コンソーシアム「ShibuyaStartupDeck（通称「シブデック」）」の活動の拠点として民間シェアオフィスを提供するだけではなく、海外起業家に向けた企業支援として、スタートアップビザの取得を中心としたワンストップ窓口を設置した。二〇二二年度より渋谷区が支援する海外起業家については日常生活の相談受付、銀行口座開設同行など、これまでの起業支援に加え、日本で安心して生活を送れるよう生活支援の活動も開始した。二〇二三年九月時点ですでに一〇件近い起業者が認定されている。

渋谷区では日本で起業を目指したい海外の事業者から年間一〇〇〇件ほどの問い合わせを受けており、審査に合格した事業者に対しては、在留資格の付与の支援とともに一年間、無償で事務所の貸与を行う。海外の事業者のみならず国内のスタートアップ起業者に対する支援も同時に行っている。

海外の都市では移民による起業が盛んに行われており、日本はこの点で大きく遅れている。外国人が日本で起業する場合、日本語の壁や商習慣などの壁を乗り越える必要があるが、外国人の起業やビジネスに関連したセミナーを日本に定住している外国人のために行うことも考慮されるべきであろう。日本語を学ぶ外国人には起業意欲の高い人材も多く、そうした彼らに身近な日本語教室を入口とすることで起業やビジネスに繋げていくことが有益であろう。

現在の日本において、活躍の基盤となる日本語能力の乏しい外国人が極めて多い現実がある。そうした基盤をまず整えた上で、活躍を促進する多様なアプローチ、取り組みが各地で行われ、やがてより成熟した「活躍促進政策」として構築されていくだろう。

## 国の移民政策の先導役として

先述のように、日本国内においては、多文化共生をベースにしたソフトランディングの取り組みはすでに数多く行われ、相当のレベルまで達している。しかし、欠けているのが政府レベルでの包括的な移民政策である。それがないために、各省庁はさまざまなプログラムを用意しながらも、外国人の定住化を大前提とした広範なプログラムを実施できずにいる。

二〇一五年一二月に浜松市で開催された第一五回目となる「集住都市会議はままつ二〇一五」では、議論を受けて新たな「浜松宣言」を発表した。この宣言の中で、外国人政策を調整し、司令する機能を持つ「外国人庁」の設置を強く求める提言を出した。また会員の自治体が先進的に外国人を受け入れ、多文化共生に取り組んできた経験をまちづくりや地域活性化に活かすことを表明した。

つまり、政府に対して包括的な外国人定住の政策の策定を求めるアピールをしたのである。筆者も会議参加者として出席したが、会議では自治体の市長からは教育や就労についての個別の対応よりもむしろ、政府としての包括的な政策の欠如についての不満や苛立ちの声が極めて鮮明に表明された。外国人受け入れの現場を持つ集住都市が、在留外国人、すなわち移民のための総合政策の立案を国に提言した意味は極めて大きい。彼らは外国人との共生に一定の自信を持ち、よりよい受け入れのために国が移民を前提とする政策をとることを求めているのである。

二〇一六年一月一五日、大阪市は全国初となるヘイトスピーチ抑止条例を可決した。この条例ではヘイトスピーチ(差別的憎悪表現)の定義として、特定の人種や民族の(一)社会排除(二)権利の制限(三)憎悪や差別意識をあおること——のいずれかを目的とし、人を中傷したり身の危険を感じさせたりする表現活動としている。また活動だけではなく、これらを記録したDVDの販売や上映、インターネット動画サイトへの投稿など拡散行為も含むとした。

ヘイトスピーチを認定する手続きとしては、大阪市民や市内に通勤・通学する人の被害申告を受け、弁護士などの専門家で構成される審査会が内容を調査し、市長がヘイトスピーチと判断すれば、その内容や実施した団体、個人の氏名を市のホームページで公表するもので、ネット上の動画などはプロバイダーなどに削除を要請するとしている。

外国人の本格的な受け入れに際しては、彼らの人権の保障が前提となるが、政府での議論に先立ち、自治体が率先してその方向性を打ち出したことは大いに評価されるべきである。

一方、一部の自治体では国家戦略特区の枠組みを使って、先行的に外国人の定住化を図ろうとする試みが行われようとしている。

二〇一五年七月、東京都と五自治体で、女性の活躍推進等及び家事支援ニーズの対応のため「家事支援外国人材」の特区が認められた。また地方自治体等が一定の要件を確認した場合、「経営・管理」の在留資格の基準である「事業所の確保」等を六か月後までに基準を満たす見込みがあれば、入国を可とするものとして「創業人材等の多様な外国人の受入れ促進」特区が同じく二〇一五年七月に一二の自治体に認められた。

さらにアニメ・ゲーム等のクリエーターや和食料理人材など、クールジャパンに関わる外国人に対する「クールジャパン外国人材の受入れ促進」、「外国人を雇用しようとする事業主への援助（相談センターの設置）」「農業支援外国人材の受入れ」、「外国人美容師の育成」などの特区が認定されている。

こうした特区を利用し、外国人の定住化を図る例もある一方、政府にいわゆる移民政策を求める自治体もある。長野県議会では二〇二一年、政府に対して「政府が外国人受け入れについて国としての明確な方針を示すこと」の立法化「多文化共生に係る基本法」を求めた。同県では安曇野市議会が同趣旨の政府への提言を県議会に先駆けて議決している。これは外国人の受け入れを本格的に進めるために政府自身が外国人に対する明確な方針を法として示すことを求めるものといえる。

人口減少が激化する中で日本に残された時間は残り少ない。現場を持つ自治体やＮＰＯの先進的な活動と要請に政府は応え、外国人受け入れの姿勢、移民政策についてより明確に意思表示をするべきである。

政府、自治体、民間の動きが連動して初めて、日本は「選ばれる国」となる。外国人と日本人が対等な立場で協力し合うことが当然となること、それが社会の活性化の原動力となる。そのことによって新しい日本の未来が切り拓かれていくことになるだろう。

# アジア青年移民受け入れ事業

**北海道滝川市と筆者の所属する公益財団法人日本国際交流センターは共同で国家戦略特区への提案を実施した。採択には至らなかったものの、地域社会として海外との連携によって働き手の確保と将来の人口維持に繋げる試案として「アジア青年移民受け入れ事業」を紹介する。**

日本の人口減少を克服するため、アジアの青年を日本の農村地域に移民として受け入れ、本事業をモデルとして将来、日本の過疎地域におけるアジア青年の受け入れを国策として進めることを想定したものである。

## 北海道とフィリピン

受け入れ先として北海道滝川市、送り出し元としてフィリピンサンパレス州カスティリヤホス町に設定する。

カスティリヤホス町は、サンパレス州を構成する一三の町の一つであり、マニラの北西部一四七kmに位置する。人口は四万八千人で、町の一部は一九九一年に起きたピナトゥボ火山の噴火により大きな被害を受けている。現在も土壌は火山灰に覆われ、作物の収量向上が難しく、人口余剰地域である。

フィリピンは英語圏であり、キリスト教徒が多い国であるが、多くのフィリピン人が中東をはじめとして世界中に移民し、また出稼ぎに出かけている。日本との距離が近いため、すでに多くのフィリピン人が日本に住んでもいる。フィリピン人は一般に陽気で明るい上に粘り強く、日本人ともコミュニケーションが取りやすい。

一方、滝川市は北海道空知地方にあり、中空知地域の中心都市である。面積一一六平方キロ、人口四万二千人で、産業は農業・工業・商業がバランスよく発展している。農業ではリンゴ、たまねぎ、合鴨、味付けジンギスカン（羊肉）、小麦、そばなどが名産である。全国有数の作付面積を持つ菜花畑は、農産物としてだけでなく北海道の新たな観光名所として注目を浴びている。商業では、周辺の多くの自治体が滝川市の商圏に属し、商圏人口の六割以上を周辺自治体が占めている。

滝川市はこれまでも国際交流及び国際協力において活発な活動を行っている。例えば国際交流機構（JICA）との協力により、アフリカやアジアをはじめとする途上国からの技術研修員の受け入れを行ってきた。

それにより、滝川市内の高校では途上国支援活動が活性化しており、小学校においても保護者の間でも「国際協力」が話題に上るなど、地域にとって世界との繋がりが身近なものとなっている。その結果、青少年の国際理解の進展に繋がり、JICAの研修生による世界からの短期的な人材受け入れが定着しているなど、その経験は地域に大きなインパクトを与えてきた。

しかしながら、これまで受け入れた研修員は全員短期帰国が前提であった。そのため、研修員受け入れによる継続的な町おこしは限定的であり、滝川市における産業展開には繋がってこなかった。本事業は、滝川市として人口減少に歯止めをかけるべく、外国人の定住化を日本国際交流センターと共に行おうとするものである。

## NGOが仲介役に

フィリピンの送り出しについては、日本のNGOである特定非営利活動法人「アクション」が実施する。選定されたフィリピン人青年（日本での定住希望者）を滝川市は受け入れ、滝川市の将来を担う人材の一翼として、滝川市の多様な産業に就業することを想定する。

「アクション」はカスティリヤホス町において、一九九四年から児童養護施設ジャイラホームで施設建設や運営のサポートを行うなど、青少年の健全育成や地域福祉の向上などのさまざまな取り組みを行ってきている。現在、町内三つのバランガイ（集落）にデイケアセンターやヘルスセンターを設置しており、現地の町役場並びに地域住民との十分な信頼関係が構築されている。

　滝川市が受け入れるフィリピン人青年はアクションがカスティリヤホス町役場と共に選定する。高校卒業後、専門学校もしくは大学卒業の二〇代を対象とし、本人の意欲や日本での適合性などを総合的に判断して面接により決定する。

　本事業はパイロット事業として三年間実施するが、初年度については人数を限定し、三名を選定する。来日前にはアクションによる日本語の研修を一か月程度受ける。二週間の訪日期間中に三名のフィリピン青年は滝川市の学校や職場を含むさまざまな施設を訪問し、滝川の社会環境の理解に努める。また滝川市の青年と交流する機会を設けて、お互いの暮らしや価値観について相互理解を深める。さらに来日中、雇用候補者と面談し、日本で想定される仕事の内容について十分な把握に努める。想定される職業としては、農業、農業加工品生産及び販売、その他小売業、製造業などがある。

　二週間の訪問後、フィリピン人青年は一旦帰国し、将来、滝川で職を得て暮らすかについての決断を行う。彼らが就くべき職業は現在の入管法では就業ビザが認められていない。国家戦略特区の設定によって、入管法が緩和され、彼らの就業が可能になることを想定している。

　ビザの条件をクリアした後、フィリピン人青年は再来日し、日本側が用意した宿泊場所（場合によってはホームステイ）に滞在し、合意した就職斡旋先で就業することになる。

　三名のフィリピン人はその後一年を通して滝川市で働き、ビザの更新を迎える。この間、滝川市（及びその第三セクターである滝川国際交流協会）は日本語教育を含め、彼らの滝川での滞在に関してさまざまな支援を行う。またその頃には彼らの仕事ぶりについての定評が滝川市内で固まり、その評価によって、滝川市としての二年目の受け入れ人数を決定する。評価がよい場合には五名程度に枠を拡充する。三年目も同様である。

　過疎地域では一般に若者向けの職が少ないといわ

れるが、高齢化によって代替を必要とする潜在的な職は極めて多い。滝川市ではリンゴの特産地でありながら、高齢化によって作業の厳しいリンゴ栽培を止め、稲作に転換する例が多い。リンゴ生産が儲からなくなったわけではなく、高齢化によってリンゴ生産を打ち切るという事態が起こっているのである。こうした例は全国各地に見られ、高齢化による産業の質的低下を防ぐためにも若い労働者が必要である。

## 交流がもたらすインパクト

また外国人青年の受け入れは単なる経済効果を超えて二つの意味で地域社会に大きなインパクトをもたらす。一つはフィリピン人青年と地元青年との交流である。異文化に触れると同時に、彼らのハングリー精神に接することは日本人青年にとって大きな刺激になると考えられる。また地元の学校では本事業を契機にフィリピンやアジアについて子どもたちが学習し、アジアと繋がる町づくりとその教育を地域として進めていくことができる。

二つ目はその副次的な効果として世界に開かれたイメージを滝川市が得ることである。

滝川市ではフィリピンからの勤労青年の受け入れと共に、地域の国際化について活動を行っている自治体国際交流協会から、国際交流員としてフィリピン人の受け入れを求める。滝川市はすでに国際交流についての経験を十分に持っているが、フィリピン人国際交流員を滝川市役所に勤務させることにより、フィリピン人青年の受け入れの際のさまざまな課題について適切に対応することが可能になる。フィリピンの事情に精通したコーディネーター役の配置が滝川市での受け入れをスムーズに行う決め手ともなる。

本事業そのものにおける経済的インパクトは基本的に滝川市に限られ、極めて小さいものである。しかし、全国で限界集落は一万を超えて増え続けており、それに近似する集落も数万に上る。こうした地域社会において、アジアからの有為な若者を受け入れ、地域で欠かせない人材として彼らが成長していくことは、若者不足に悩む日本の地域社会の持続性を担保する上で極めて重要である。

## あとがき

人口減少が日本全国に暗い影を投げかけている。地方都市のみならず大都市でも商店街がシャッター通りとなってしまっている例も増えている。店は経営的にはやっていけても、高齢者となった店主の後継ぎがいないために、店を閉めざるを得ないケースも散見される。人手不足のために経済活動が徐々に失われ、そして町全体が衰退していくという事態が全国で起こっている。

地方の衰退は単なる経済の問題に留まらない。それは地方文化の衰退をも意味する。限界集落化、そしてやがてはゴーストタウン化していく中で、数百年かけて形成された地方の文化が全国で失われつつあり、そしてそれは一度失われれば、二度と復活しない可能性が高い。

能登半島地震の被災地の復興はどうだろうか。被災地では震災前から人口減少が続いていた。もし人口が元通りになることを復興と呼ぶのであれば、多くの地域で復興は残念ながら永久にできないだろう。人口減少下ではいくらインフラ整備を進めても地域社会の衰退を免れるのは難しい。

そうであれば、被災した街を外国人の若者を受け入れる地域として定め、世界中の若者が集まり、地元の青年と共に新しい街をつくるような構想ができないのだろうか。世界の若者と日本の若者が共に汗を流して地域づくりに励む。そうした世界に開かれた新しい街づくりができれば、日本中から若者が殺到するかもしれない。それは地域の発展に繋がるだけではなく、世界に対して日本開国の明るいメッセージを発信することにもなる。経済活動に加えて、地域の伝統文化の復活も外国人の活躍が期待できる分野だ。日本の伝統文化に興味を示す外国人は多く、中には伝統文化の担い手となる外国人も生まれている。それだけ日本の文化は普遍性があり魅力があるということである。

今後、一層人口減少に拍車がかかることを考えれば、意欲のある外国人の若者を受け入れ教育して、地域づくり、ものづくり、日本の文化の維持の一翼を担ってもらうという発想があってもよいはずだ。もちろん、受け入れた後も日本語学習や職能訓練などの継続的な能力開発が必要になる。

筆者は国際交流活動に三〇年近くにわたって携わってきた。国際交流とは、言語や文化という障壁をあえて乗り越え、困難を伴うコミュニケーションを行うという作業である。そうした苦労を伴う行動をわざわざするのは、そのプロセスの中で交流に関わる人々にとって、異なる文化についての新たな発見や認識が生み出され、自らが属する社会の仕組みや文化を客観的に見直す極めて貴重な機会ともなるからである。

外国人を受け入れるということは、日常的に国際交流の機会があちこちに生まれるということだ。特に青少年にはそのインパクトは極めて大きい。日本人の中だけで暮らしてきた青少年にとって、異文化の相手と正面からコミュニケーションを試みることは、勇気を振り絞り、自分自身という壁を乗り越えなければならない。その分、急速な自己成長を促す極めて有効なツールでもある。

日本が世界中から優秀な若者が集まる場所になれば、そこから世界をリードするような技術、企業、あるいは組織も生まれるだろう。日本の歴史を振り返れば、異文化を積極的に受け入れることで日本の文化が洗練され、発展してきたことは疑いのない事実である。日本国内外の知見を集め、一歩ずつ国を開いていくことが必要だ。

人口減少の深刻化とともに、外国人受け入れについての認識にも変化が見られる。全国で最も人口減少が厳しい秋田県では、保守的な風土もあってか外国人を積極的に受け入れる対応が行われてこなかったが、地元紙、秋田魁新報は二〇二三年九月一七日、県内の首長の八八％が「外国人材必要」と回答したというアンケートの結果を報じている。自治体が「消滅しかねない」との危機感を抱く首長が九六％にまで達した結果といえる。秋田県の変化は、人口減少への危機感が外国人受け入れに腰の重かった地域においても大きな変化を生み出していることを示している。外国人受け入れに真剣に取り組まなければ地域の将来は危ういという認識が広がりつつあるといえるだろう。筆者の試算では二〇四〇年代に在留外国人一〇〇〇万人を超える。大きな社会変化が日本の目の前に迫っている。外国人受け入れが地域社会の持続性を担保する重要な政策として一層認識されるようになるだろう。

なお、本書での見解は筆者、並びに第四章で寄稿いただいた六名の個人的な見識に基づくものである。所属するいかなる組織とも無関係であることはいうまでもないことを申し述べておく。最後に、本書の出版にあたっては長らくの友人である明石書店の大江道雅社長及び編集者の岡留洋文氏に大変お世話になった。また第四章の執筆者をはじめ全国各地の友人から多くの示唆をいただいた。心からの感謝を申し上げて筆を擱きたい。

二〇二四年二月

毛受　敏浩

〈編著者紹介〉

毛受 敏浩（めんじゅ・としひろ）

（公財）日本国際交流センター 執行理事

兵庫県庁で10年間の勤務後1988年より日本国際交流センターに勤務。多文化共生、移民政策、草の根の国際交流研究、日独フォーラム、アジアコミュニティトラスト、フィランソロピー活動など多様な事業に携わる。2003年よりチーフ・プログラム・オフィサー、2012年より執行理事。現在、文化庁文化審議会日本語教育小委員会委員。総務大臣賞自治体国際交流表彰選考委員、内閣官房地域魅力創造有識者会議委員、新宿区多文化共生まちづくり会議会長、第一回国際交流・協力実践者全国会議委員長、慶應義塾大学等の非常勤講師等を歴任。著書に『人口亡国――移民で生まれ変わるニッポン』（朝日新書、2023)、『移民がひらく日本の未来』（明石書店、2020)、監訳書に『スモールマート革命』（朝日書店、2013年)、編著書に『国際交流・協力活動入門講座 I～IV』（明石書店)、英文共著書に *Asia on the Move*（日本国際交流センター、2015年）等がある。慶應義塾大学法学部卒。米国エバグリーン州立大学公共政策大学院修士。

自治体がひらく日本の移民政策【第2版】

――地域からはじまる「移民ジレンマ」からの脱却

2016年7月15日　初　版第1刷発行
2024年3月15日　第2版第1刷発行

編著者　毛　受　敏　浩
発行者　大　江　道　雅
発行所　株式会社明石書店

〒101-0021 東京都千代田区外神田6-9-5
電　話　03（5818）1171
FAX　03（5818）1174
振　替　00100-7-24505
http://www.akashi.co.jp

装丁　明石書店デザイン室
印刷／製本　モリモト印刷株式会社

ISBN978-4-7503-5715-7
（定価はカバーに表示してあります）

Printed in Japan

# 移民が導く日本の未来
## ポストコロナと人口激減時代の処方箋

毛受敏浩［著］

◎四六判／並製／216頁　◎2,000円

政策転換に至った政治の舞台裏を明らかにするとともに、中長期の視点から移民受入れの未来予測を成功例のストーリーとして示す一方、人口減少が激化しレジリエンスが低下するポストコロナ時代こそ本格的な移民政策へ移行する好機との視点から日本の方途を示す。

《内容構成》



〈価格は本体価格です〉

スモールマート革命　持続可能な地域経済活性化への挑戦
マイケル・シューマン著　毛受敏浩監訳　◎2800円

姉妹都市の挑戦　国際交流は外交を超えるか
毛受敏浩著　◎2400円

異文化体験入門【オンデマンド版】
毛受敏浩著　◎1800円

SDGsと地域社会　あなたのまちで人間の安全保障指標をつくろう！　宮城モデルから全国へ
高須幸雄、峯陽一編著　◎3200円

【増補】新　移民時代　外国人労働者と共に生きる社会へ
西日本新聞社編　◎1600円

にほんでいきる　外国からきた子どもたち
毎日新聞取材班編　◎1600円

五色のメビウス　「外国人」と　ともにはたらき　ともにいきる
信濃毎日新聞社編　◎1800円

芝園団地に住んでいます　住民の半分が外国人になったとき何が起きるか
大島隆著　◎1600円

アンダーコロナの移民たち　日本社会の脆弱性があらわれた場所
鈴木江理子編著　◎2500円

入管問題とは何か　終わらない〈密室の人権侵害〉
鈴木江理子、児玉晃一編著　◎2400円

出入国管理の社会史　戦後日本の「境界」管理
李英美著　◎4000円

人口問題と移民　日本の人口・階層構造はどう変わるのか
移民・ディアスポラ研究8
駒井洋監修　是川夕編著　◎2800円

変容する移民コミュニティ　時間・空間・階層
移民・ディアスポラ研究9
駒井洋監修　小林真生編著　◎2800円

入管の解体と移民庁の創設　出入国在留管理から多文化共生への転換
移民・ディアスポラ研究10
駒井洋監修　加藤丈太郎編著　◎3200円

新型コロナパンデミック下の医療と移民　情報・保健・医療サービス
移民・ディアスポラ研究11
駒井洋監修　山田健司、小林真生編著　◎2800円

移民大国化する韓国　労働・家族・ジェンダーの視点から
春木育美、吉田美智子著　◎2000円

〈価格は本体価格です〉